中外文稀有版本文献

《家庭、私有制和国家的起源》

④

家庭私产
及国家的起源

【德】弗里德里希·恩格斯 ◎ 著

《家庭、私有制和国家的起源》的出版与传播

(代序)

一 国外主要版本和传播情况

恩格斯的《家庭、私有制和国家的起源》（简称《起源》）先后出了六版，其中第二版和第三版是第一版的翻印，第五版和第六版是第四版的翻印。因此，在这里将着重介绍第一版和第四版的出版与传播情况。

(一)《起源》第一版的出版与传播

1.《起源》第一版的出版

1884年10月初，《起源》在瑞士苏黎世问世，署名弗里德里希·恩格斯，著者为第一版写了序言。《起源》之所以在瑞士苏黎世出版，而不是在德国出版，是因为当时德国正值反社会党人法时期，而《起源》又并非是一部单纯的学术著作，而是指导无产阶级革命的理论武器，因此在这样的背景下，如在德国出版《起源》，则很难不被查禁。关于这一点，恩格斯早在1884年4月26日给考茨基的信中写道："关于**专偶制**那一章，以及关于私有制是阶级矛盾的根源和破坏古代公社的杠杆的那最后一章，我根本**不可能**写得适合反社会党人法的要求。"因此，"写得好，就一定被查禁；写得坏，就会得到许可。可是按后一种

做法，我办不到"①。正是在这种背景下，《起源》第一版在瑞士出版。

2.《起源》第一版的传播

在《起源》写作过程中以及第一版出版后，纷纷有译者与恩格斯联系希望能够翻译《起源》，其中涉及意大利文译本、波兰文译本、罗马尼亚文译本、丹麦文译本、法文译本、英文译本和俄文译本等。

关于意大利文译本，意大利社会主义者帕斯夸勒·马尔提涅蒂曾经在1884年11月18日致信恩格斯，询问可否将他的两部著作——《起源》（马尔提涅蒂当时正在翻译这部著作）和《德国农民战争》合成一本书出版。② 针对马尔提涅蒂的提议，恩格斯回信表示："该书的题材和《起源》一书的题材毫无共同之处。因此……后一著作单独出版好，至于出版的方法，我完全听从您的决定。"③ 1885年4月11日前，马尔提涅蒂完成了《起源》的翻译工作，并将译稿寄给恩格斯。恩格斯在收到译稿后，于4月11日回信并对已读部分给予高度评价，恩格斯说："我给您写这几行字，仅仅是为了告诉您译稿④已经收到并且正在校阅。希望过十天半个月后，能将译稿连同我的意见和建议一起寄还。就我至今已经读了的那部分来看，我认为译得很好。"⑤ 由于在同一时间内，恩格斯还收到了一份《起源》的丹麦文译稿，同时恩格斯还要校阅《资本论》的英文译稿，因此直到1885年5月19日，恩格斯才将《起源》意大利文译稿校阅完并寄出。恩格斯在1885年5月19日致马尔提涅蒂的信中说："译稿和我的意见一并用挂号寄上。很遗憾，我没有很好掌握意大利文，不能更好地表述这些意见；我还是希望这些意见您都能懂得。使我惊奇的是，您从未在德国生活过，也没有在德国研究过语言，却那么好地转达了我的思想。我只发现有几个略语、俗语和成语译

---

① 《马克思恩格斯文集》第10卷，北京：人民出版社2009年版，第515—516页。
② 参见《马克思恩格斯全集》第36卷，北京：人民出版社1974年版，第754—755页，注释265。
③ 参见《马克思恩格斯全集》第36卷，北京：人民出版社1974年版，第263页。
④ 恩格斯《家庭、私有制和国家的起源》一书的意大利文译稿。——原编者注
⑤ 《马克思恩格斯全集》第36卷，北京：人民出版社1974年版，第293页。

错了;这些话对于一个不知道该国日常用语以至方言的人,是不能很好领会的,这些话无论在语法书上或词典里都是没有的。许多地方,只要您很好地领会了意思,我认为您可以译得更灵活、更大胆些。我担心,关于'马尔克'的那条注释不够明确。我认为应该刊印的只有这一条注释。其余的只是让您知道一下就行了。如您对这条注释发生什么怀疑,请告诉我,我打算改写。请原谅,校阅拖了很久。白天我忙于口授马克思的手稿,晚上也不总是有空的:在同一时间内,有人寄来了一份丹麦文译稿①要我校阅,更不要说《资本论》②的英文译稿了。"③ 1885年5月29日,意大利文版的《起源》已经在印刷中,恩格斯在给劳拉·拉法格的信中谈到了他对《起源》意大利文版的评价,即"译者做了他所能做的一切,某些地方确实译得很好。但是,不能期待一个在贝内万托自学德语的人,能把德国成语译成相应的意大利成语。我又不能改正这种缺点,因为我的意大利成语,不是意大利的,只是米兰的,而且这也差不多忘光了"④。1885年6月13日,意大利文版的《起源》应该已经出版,因此恩格斯致信马尔提涅蒂表示"请费神把您的译作寄**六本**给我——这就足够了"⑤。

关于波兰文译本,1884年8月12日,波兰社会党人、政论家玛丽亚·杨科夫斯卡娅-门德尔森(斯·列奥诺维奇)致信恩格斯,请求恩格斯允许将他的著作《起源》用波兰文发表。⑥为此,恩格斯于1884年8月中旬回信表示同意,但鉴于德国当时实行反社会党人法的恶劣氛围,所以希望波兰文版一定要在德文版之后出版。恩格斯在回信中说:"同意。——我不得不向您提出的唯一的、但必须遵守的条件是:在全书用德文出版以前,您**什么**也不要用波兰文发表。在德国,此书将立即

---

① 弗·恩格斯《家庭、私有制和国家的起源》一书的丹麦文译稿。——原编者注
② 第一卷。——原编者注
③ 《马克思恩格斯全集》第36卷,北京:人民出版社1974年版,第315—316页。
④ 《马克思恩格斯全集》第36卷,北京:人民出版社1974年版,第318页。
⑤ 《马克思恩格斯全集》第36卷,北京:人民出版社1974年版,第323页。
⑥ 《马克思恩格斯全集》第36卷,北京:人民出版社1974年版,第746页,注释214。

被查禁,稍一不慎或过早透露,都会引起德国警方的注意,妨碍德文版的推销,甚至很可能使一大批书被没收。因此,收到此信,务请告知,并答应我:您一定履行这个遗憾的必要条件。"① 玛丽亚·杨科夫斯卡娅-门德尔森在接到恩格斯回信后,立即在8月20日致恩格斯的信中表示当天就着手翻译。但后来由于未可考证的原因,于1885年出版的波兰文本最终是由J.F.沃尔斯基翻译的。②

关于罗马尼亚文译本,恩格斯在1888年1月4日致罗马尼亚政论家、社会民主主义者若昂·纳杰日杰的信中有所谈及,他说:"卡·考茨基……转给我几期《社会评论》和《现代人》,在这几期杂志中除其他材料外,还有您翻译的我的几篇著作,其中有《家庭……的起源》。请允许我对您的劳动表示衷心的感谢,您盛情地承担了这项工作,使这些著作能为罗马尼亚读者所了解。"③ 据考证,罗马尼亚文的《家庭、私有制和国家的起源》载于《现代人》杂志1885年第17—21期,1886年第22—24期。④

关于丹麦文译本,丹麦社会民主党人,社会民主党左派领袖格尔桑·特利尔承担了这项翻译工作。恩格斯在1885年2月底3月初校订了丹麦文部分译稿,认为译得很不错。⑤ 1885年4月23日,恩格斯在致维拉·伊万诺夫娜·查苏利奇的信中表示仍在校阅《起源》的意大利文译文和丹麦文译文,并阐发了"校订译文有时决不是一件多余的和轻而易举的工作"⑥ 的感叹。在1889年5月7日致保尔·拉法格的信

---

① 《马克思恩格斯全集》第36卷,北京:人民出版社1974年版,第201页。
② 参见《马克思恩格斯文集》第4卷,北京:人民出版社2009年版,第573页,注释17;《实现亡友的遗愿——〈家庭、私有制和国家的起源〉(1884年霍廷根—苏黎世版)的写作和流传情况》,胡慧琴译,载《马克思恩格斯列宁斯大林研究》1996年第2辑,原载《马克思恩格斯全集》历史考证版第1部分第29卷。
③ 《马克思恩格斯全集》第37卷,北京:人民出版社1971年版,第3页。
④ 参见《马克思恩格斯全集》第37卷,北京:人民出版社1971年版,第533页,注释1。
⑤ 参见《马克思恩格斯全集》第36卷,北京:人民出版社1974年版,第285页。
⑥ 参见《马克思恩格斯全集》第36卷,北京:人民出版社1974年版,第300页。

中，恩格斯再次说明，"特利尔是我的《家庭的起源》一书的译者"①。《起源》的丹麦文译本于1888年出版。

此外，《起源》的塞尔维亚文译本也于19世纪80年代末出版。②

关于法文译本，恩格斯早在写作《起源》的过程中，就预料到保尔·拉法格会想将《起源》翻译成法文，但是由于担心保尔·拉法格在翻译时的严谨性，因此迟迟没有答应。恩格斯的预料和担心可以从他的书信中表现出来。1884年5月26日，恩格斯致信劳拉·拉法格说："我预料，我的《家庭……的起源》出版后，保尔一定很想译它，因为那里面的东西正好是他所熟悉的；如果他要译的话，他必须把握住德文字的原意，而不要用他所喜欢赋予它们的意思，因为我根本不会有时间去加工。……我刚刚赶完的那本小册子，在一段时间内将是最后一本独立的著作。"③ 1884年9月13—15日，恩格斯在致爱德华·伯恩施坦的信中谈及拉法格翻译《起源》一事时说道："关于翻译我的小册子一事，你说得很好很对。但拉法格是**怎样**翻译的呢？他既不问自己的妻子，也不查词典，一切由他自己干，自作主张：这个德文词相当于那个法文词，而且还以赞赏自己杰作的心情把译稿寄给我。这样干，我自己也干得了。他当然希望马上担负起来，不过我们还得再看一看。"④ 后来，保·拉法格又表示打算把恩格斯的《起源》一书由意大利文转译为法文，这个打算也没有得到恩格斯的同意。⑤ 恩格斯在1885年5月29日致劳拉·拉法格的信中说明了他不同意的原因，即"意大利文版的《起源》也在印刷中。但是，你会立刻发现，不大可能从意大利文版译成法文。如果保尔只不过利用它来帮助理解原著，那是他的事情；不然的话，这只能使他搞出低劣的**复制本**和不好的改写本，而我根本不愿意拿出这样的本子给法国人看。译者做了他所能做的一切，某些地方

---

① 《马克思恩格斯全集》第37卷，北京：人民出版社1971年版，第189页。
② 《马克思恩格斯文集》第4卷，北京：人民出版社2009年版，第573页，注释17。
③ 《马克思恩格斯全集》第36卷，北京：人民出版社1974年版，第156页。
④ 《马克思恩格斯全集》第36卷，北京：人民出版社1974年版，第206页。
⑤ 《马克思恩格斯全集》第36卷，北京：人民出版社1974年版，第762页，注释316。

确实译得很好。但是，不能期待一个在贝内万托自学德语的人，能把德国成语译成相应的意大利成语。我又不能改正这种缺点，因为我的意大利成语，不是意大利的，只是米兰的，而且这也差不多忘光了"①。后来，福尔坦表示有兴趣将《起源》译成法文，并于1885年12月6日在致恩格斯的信中询问恩格斯，寄去一份试译稿。② 1886年1月29日，恩格斯在致弗里德里希·阿道夫·左尔格的信中表示，当时他正在校订"《家庭的起源》——法文译稿"③。恩格斯这里提到的《起源》的法文译稿也许就是福尔坦的试译稿。但最终这项计划没能实现。1893年发行的第一次印刷的法译本是以《起源》的1891年第四版为依据的。④

关于英文译本，英国社会主义者、作家、政论家、马克思女儿爱琳娜的丈夫爱德华·艾威林博士和美国社会主义者弗洛伦斯·凯利-威士涅威茨基夫人都希望能够翻译。从恩格斯的相关书信来看，综合考虑《起源》翻译的难度、英美书报销售业的条件、美国工人运动的发展阶段及美国工人的需要、恩格斯著作的整体英译本情况等，恩格斯更倾向于由艾威林博士来翻译并在伦敦出版《起源》。恩格斯在1886年8月13—14日致弗洛伦斯·凯利-威士涅威茨基夫人的信中说："现在谈谈《起源》。这本东西比《状况》难译得多，每一页也许都要您付出较多的精力和时间。不过，如果我有时间校阅译文的话，这一点倒不会成为障碍，但您得付出必要的时间和精力，同时页边留宽一些，以便修改。这里还要注意一个情况。既然这本东西要用英文出版，那就应该在出版后使读者在普通的书店里就能买到。我估计《状况》就**不会**是这样。只要美国书报销售业条件同欧洲没有多大区别，书商就不会出售同他们

---

① 《马克思恩格斯全集》第36卷，北京：人民出版社1974年版，第318页。
② 《实现亡友的遗愿——〈家庭、私有制和国家的起源〉（1884年霍廷根—苏黎世版）的写作和流传情况》，胡慧琴译，载《马克思恩格斯列宁斯大林研究》1996年第2辑。原载《马克思恩格斯全集》历史考证版第1部分第29卷。
③ 《马克思恩格斯全集》第36卷，北京：人民出版社1974年版，第421页。
④ 参见《实现亡友的遗愿——〈家庭、私有制和国家的起源〉（1884年霍廷根—苏黎世版）的写作和流传情况》，胡慧琴译，载《马克思恩格斯列宁斯大林研究》1996年第2辑。原载《马克思恩格斯全集》历史考证版第1部分第29卷。

没有联系的工人政党的机构出版的东西。正因为此，宪章派和欧文派的出版物任何地方也没有保存下来，任何地方都无法找到，**甚至英国博物馆都没有**；正因为如此，我们德国党的所有书刊在书店里也买不到（早在反社会党人法以前很久就是这样），在党外，读者始终不知道这些书刊。有时候这种情况是无法预防的，但应该尽量避免。四十多年来，我在德国吃过这个苦头，现在我想使我的著作的英译本避免这种情况，这一点您是不会责备我的。英国的情况是：现在或者最近将来能为社会主义著作找到出版者，我不怀疑，明年我在这里能够出版英译本，并使译者得到稿费；此外，因为我早已答应艾威林博士翻译《发展》和《起源》（只要他**自己**能为自己的劳动搞到报酬的话），所以，要知道，美国版不由普通出版社出版，只会减少伦敦版由普通出版社出版并使读者到处都能买到的机会。此外，我并不认为，美国工人目前非需要这本书不可。《资本论》今年年底以前他们就可以买到，对他们来说这是最主要的。我的小册子作为通俗读物为实际宣传的目的服务，未必合适。在目前运动还不发展的阶段，我认为某些法国通俗著作倒是更合适些。……现在再来谈谈《起源》。我不想说，我已经无条件答应艾威林翻译这本东西，但是，如果译本要在**伦敦**出版的话，我认为我必须请他翻译。所以，最后如何处理，这在很大程度上要看您在美国出版这本东西的条件而定。……您自己知道，不仅这一本书，而且可能还有其他许多著作，我都有可能找一家资产阶级商业界中有名的出版社来出英文版，而且这样做有一个好处，就是翻译工作可以在这里进行（这会节省我很多时间），因此，在同意在美国单出版这一本小册子从而破坏整个事情以前，我得好好考虑考虑。同时，在目前美国反社会主义者的恐怖情况下，我怀疑您能找到一个愿意把自己的名字同社会主义著作联系在一起的职业出版者。……现在您可以相信，还要过一些时候美国工人**群众**才会开始**阅读**社会主义书刊。那些**已经在**阅读和将要阅读的人，可以找到足够的材料，他们最不会感到缺少《起源》这本书。盎格鲁撒克逊人的头脑，特别是在美国经过了一番非常讲究实际的发展，一点也不重视理论，除非是迫切的需要促使他们去接受理论，所以我的最大指望就是，我们的朋友们从自身错误的后果中得到的教训，会教育他们去钻研理论。"① 艾威林译的《家庭、私有制和国家的起源》一书在恩格斯在世时没有翻译出来。②

此外，恩格斯在1884年10月15日致卡尔·考茨基的信中还提道："《起源》一书除要译成波兰文外，维·查苏利奇提出要译成俄文。"③但从后来的结果看，该计划没有成行，《起源》的俄文译本后是根据1891年第四版译出的。

综上所述，《起源》1884年霍廷根—苏黎世版出版后，分别出版了意大利文译本、波兰文译本、罗马尼亚文译本、丹麦文译本和塞尔维亚文译本，其中意大利文译本和丹麦文译本是由恩格斯亲自审定的。除此之外，《起源》的法文译本、英文译本和俄文译本也都在商谈之中，但由于种种原因，未能翻译出版。

（二）《起源》第四版的出版与传播

1.《起源》第四版对第一版的修订与补充

自《起源》初版问世至1891年的7年时间里，"对于原始家庭形式的认识，已经获得了很大的进展"④。1886年，俄国社会学家柯瓦列夫斯基和瑞士法学家霍伊斯勒分别发表了《原始法权·第一分册：氏族》和《德意志私法制度》；1888年，法国人种志学家勒土尔诺发表了《婚姻和家庭之进化》；1890年，俄国社会学家柯瓦列夫斯基和德国历史学家库诺夫分别发表了《家庭及所有制的起源和发展的概论》和

---

① 《马克思恩格斯全集》第36卷，北京：人民出版社1974年版，第493—495页。
② 《马克思恩格斯全集》第36卷，北京：人民出版社1974年版，第793页，注释493。
③ 《马克思恩格斯全集》第36卷，北京：人民出版社1974年版，第221页。
④ 《马克思恩格斯文集》第4卷，北京：人民出版社2009年版，第18页。

《古秘鲁的农村公社和马尔克公社》；1891 年，芬兰社会学家韦斯特马克①发表了《人类婚姻史》；等等。因此，为了恰如其分地照顾到当时的科学状况，也为了弥补以前各版脱销的供不应求局面，恩格斯决定对《起源》第一版进行修订和补充。

关于《起源》第四版对第一版的修订和补充，恩格斯在 1891 年 7 月 7 日致劳拉·拉法格的信中指出："我正在结束《起源》第四版的修订工作。将有大量的重要补充，首先是写了一篇新序言（校样已寄给腊韦，该文可能在下期《新时代》上发表），其次是家庭一章有重大补充。"②苏联学者文尼科夫曾对《起源》第四版对第一版的修订补充情况做过统计研究，他指出，这些修订和补充包括五种类型，共计 144 处。第一，文字上的修改，不改变本文基本的意义，有 51 处；第二，明确或发挥本文意义的修改和小的补充，有 44 处；第三，采用新的事实资料进一步发挥原来论点的，有 20 处；第四，原则性的修改和补充，有 22 处；第五，修改原文不确切的，有 7 处。按章节来看，第二章修改得最多，共 75 处，占了修改总数的一半以上。其次是第七章。修改不大的是第六、九章。几乎没有什么重大修改的是第一、三、四、五、八章。③

2.《起源》第四版的出版

恩格斯自 1890 年开始着手准备出版《起源》新版本。在可考证的相关书信中，恩格斯在 1890 年 4 月 11 日致卡尔·考茨基的信中首次谈及了出版《起源》新版本的事情，他说："昨天还收到了狄茨的来信，我……向他证实我同意……再版《起源》作为国际丛书中的一册。我

---

① 关于爱·韦斯特马克的名字，《马克思恩格斯文集》第 4 卷译为"爱·韦斯特马克"，《马克思恩格斯全集》第一版第 39 卷译为"爱·韦斯特马尔克"。本书中除部分直接引文中的名字仍采用"爱·韦斯特马尔克"之外，其他相关部分皆采用《马克思恩格斯文集》中的译法。
② 《马克思恩格斯全集》第 38 卷，北京：人民出版社 1972 年版，第 126 页。
③ 参阅文尼科夫：《〈家庭、私有制和国家的起源〉一书的第一版和第四版》，载《民族译丛》1956 年第 5 期。

还答应作一些补充。"① 1890 年 5 月 20 日，恩格斯已经开始为《起源》新版做资料方面的准备，他写信给弗·阿·左尔格，请求帮忙寻找摩尔根的最近著作——摩尔根的《美洲土著的住房和家庭生活》。② 恩格斯于 1890 年 7 月 30 日前收到了这本书。③

1891 年底，经过修改和补充的《起源》第四版在斯图加特出版，虽然具体出版日期不详，但可断定是在 1891 年 11 月 10 日前出版的。因为恩格斯在 1891 年 12 月 1 日致劳·拉法格的信中问劳·拉法格："我三个多星期前寄给你的一本第四版《家庭的起源》，不知收到没有？我往欧洲寄了许多本，均未收到回音。寄往国外的书，哪怕少付半个便士的邮资，英国邮局都干脆予以没收，因此，我开始担心起来。"④

第四版出版后，又于 1892 年和 1894 年出版了第五版和第六版，这两版都是在第四版基础上翻印的。⑤

3.《起源》第四版的传播

《起源》第四版出版后，被译成法文（1893 年）、保加利亚文（1893 年）、西班牙文（1894 年）、俄文（1894 年）和英文（1902 年）等，其中法译文由劳拉·拉法格校订，并经恩格斯审阅。⑥

《起源》第四版的法文版于 1893 年出版，可以肯定的是，该书是在 1893 年 10 月 14 日前出版的。因为在 1893 年 10 月 14 日恩格斯致劳拉·拉法格的信中，他说："我收到了三册《家庭的起源》的法译本。"⑦

《起源》的俄文译本于 1894 年在彼得堡出版，由德文第四版译出。

---

① 《马克思恩格斯全集》第 37 卷，北京：人民出版社 1971 年版，第 374—375 页。
② 《马克思恩格斯全集》第 37 卷，北京：人民出版社 1971 年版，第 408 页。
③ 《马克思恩格斯全集》第 37 卷，北京：人民出版社 1971 年版，第 425 页。
④ 《马克思恩格斯全集》第 38 卷，北京：人民出版社 1972 年版，第 230 页。
⑤ 参见《马克思恩格斯文集》第 4 卷，北京：人民出版社 2009 年版，第 573 页，注释 17。
⑥ 参见《马克思恩格斯文集》第 4 卷，北京：人民出版社 2009 年版，第 573 页，注释 17。
⑦ 《马克思恩格斯全集》第 39 卷，北京：人民出版社 1974 年版，第 144 页。

从恩格斯在1894年6月1日致尼古拉·弗兰策维奇·丹尼尔逊的信中可以看出,俄文译本的出版时间至少在1894年6月1日前,且恩格斯十分严谨地对已读译文给予了不错的评价,他说:"《起源》的俄译本收到,十分感谢。就我读过的情况来看,我认为译文很好,对该书的书刊检查显然也是宽大的。"①

尽管在《起源》第一版出版后,恩格斯便同意由爱德华·艾威林博士将其翻译为英文版,但该译本在恩格斯在世时没有翻译出来。直到1898年艾威林去世,《起源》英文版也未能问世。因此,目前存在的《起源》英译本主要包括以下版本,且都根据《起源》第四版译出。第一,最早的《起源》英译本是由欧内斯特·翁特曼(Ernest Untermann)翻译,美国芝加哥查尔斯·H.克尔出版社1902年出版的版本。该版本主要内容包括第一版序言、第四版序言、正文,书前附译者序言。第二,1940年,英国伦敦"劳伦斯—威沙特"出版公司出版由阿利克·韦斯特(Alick West)译,多娜·托尔(Dona Torr)校的译本。该译本由第一版序言、第四版序言、正文和附录——《新发现的群婚实例》构成,书前附出版者说明。该译本于1941、1942、1943、1946、1972年再版。第三,1942年,美国纽约国际出版社出版《起源》英译本,未署译者,内容包括第一版序言、第四版序言、正文和附录——《新发现的群婚实例》。该版本于1963、1970年重印。1972年,该出版社以1942年版译本为基础,同时依据《马克思恩格斯全集》德文版第21卷(Dietz Verlag, Berlin, 1962)中的德文原文对原译本进行了修订,出版了新版译本,即1972年第一版。该版主要内容仍为第一版序言、第四版序言、正文和附录——《新发现的群婚实例》,但在版权页增加了"出版者说明",在书前附埃莉诺·伯克·利科克(Eleanor Burke Leacock)写的长达67页的导言,在书后附恩格斯的《劳动在从猿到人转变过程中的作用》及编者引言。从1972年版的"出版者说明"中可以

---

① 《马克思恩格斯全集》第39卷,北京:人民出版社1974年版。

得知，尽管该出版社在 1942 年版译本中并未署译者，但该译本的译者实为 Aleck West，即 1940 年英国伦敦"劳伦斯—威沙特"出版公司的译本的译者。① 经笔者比对，1940 年英国伦敦"劳伦斯—威沙特"出版公司译本与 1942 年美国纽约国际出版社译本确为同一译者的同一作品。第四，1940 年，苏联莫斯科外文出版社出版《起源》英译本，未署译者，内容包括第一版序言、第四版序言、正文和附录——《新发现的群婚实例》。1948 年，苏联莫斯科外文出版社出版修订本，同样未署译者，内容同样包括第一版序言、第四版序言、正文和附录——《新发现的群婚实例》，但是扉页有"出版者说明"，书前附联共（布）中央马克思恩格斯列宁研究院写的《序言》。在"出版者说明"中，出版者指出，"该版本依据恩格斯 1891 年的德文第四版进行了重新校订"。1948 年版后来于 1950、1952、1954、1959、1962、1968、1972、1977、1983、1985 年重印。笔者目前只查阅到了 1952、1954 和 1985 年的重印本。1952 年和 1954 年的重印本仍由苏联莫斯科外文出版社出版，书前不再附联共（布）中央马克思恩格斯列宁研究院写的《序言》。1985 年的重印本则由进步出版社出版。第五，1972 年，美国纽约寻路者出版社（Pathfinder Press）出版《起源》英译本，内容包括第一版序言、第四版序言、正文、附录——《新发现的群婚实例》《劳动在从猿到人转变过程中的作用》，书前附 Evelyn Reed 写的导言和关于翻译的说明。该译本于 1973、1975、1976、1979、1983 年重印。

此外，《起源》还收录在《马克思恩格斯全集》历史考证版（MEGA²）第 I 部分第 29 卷第 125—271 页；《马克思恩格斯全集》德文版 21 卷第 25—173 页，俄文第一版第 16 卷（上）第 7—153 页，俄文第二版第 21 卷第 23—178 页，英文版第 26 卷 129—276 页，日文版第 21 卷第 25—178 页；《马克思恩格斯选集》英文版第 2 卷第 170—326 页；等等。

---

① 区别仅在于 1940 年"劳伦斯—威沙特"版将译者印为 Alick West，1972 年国际出版社版在"出版者说明"中将译者印为 Aleck West。

《关于原始家庭的历史》（即第四版序言）收录在《马克思恩格斯全集》历史考证版（MEGA²）第Ⅰ部分第29卷第132—144页；《马克思恩格斯全集》德文版第22卷第211—222页，俄文第一版第16卷（下）第117—128页，俄文第二版第21卷第214—225页，日文版第22卷第217—230页；《马克思恩格斯选集》英文版第2卷第172—184页；等等。

二 国内主要版本和传播情况

《起源》一书是最早传入中国的恩格斯经典著作之一，在中国的翻译和传播经历了个人中文摘译本阶段、个人全译本阶段和新中国成立后有组织的集体翻译出版三个阶段。

（一）个人中文摘译本阶段

这一阶段的时间跨度为20世纪初至20年代末，期间的《起源》译本主要有两个特点：第一，翻译由个人完成；第二，译本并非全译本，而是摘译本，主要刊载在杂志刊物上。这一时期《起源》的主要摘译本如下：

1908年，中国出现了最早的《起源》摘译本。由志达摘译的《起源》第二章的若干段落，发表在《天义报》（日本东京）1908年2—5月第16—19卷合卷刊载的志达的《女子问题研究》一文中。该文将恩格斯这部著作译为《家族、私有财产及国家之起源》。

1920年10月，恽代英译述了恩格斯关于家庭的起源的观点，以《英哲尔士论家庭的起源》为题，发表在《东方杂志》第17卷第19号第50—55页和第20号第67—71页。这里的英哲尔士即指恩格斯，译述的主要内容为《起源》第四版序言和第二章"家庭"的部分内容，译述所依据的文本是《起源》英译本，这些信息在译文前的"译者志"中有所说明。恽代英在"译者志"中指出："英哲尔士（Frederick Engels）为马克斯（Karl Marx）的挚友，终身在宣传事业中联合努力。读马氏传的，无有不知他的。此篇节译其论家庭起源的意见。原书名'The Origin of Family Private Property and the State'。"① 另外，需要说明的是，这里之所以称恽代英"译述"的恩格斯论家庭的起源的意见，意在表明这种摘译不是按照原文逐段逐句翻译而成的，而是对部分段落内容的概述性翻译。

1922年1月15日，邓中夏以笔名重远摘译的《起源》一书中关于国家的性质及其如何消亡的论述，刊载在他在《先驱》创刊号发表的题为《共产主义与无政府主义》的文章中。②

1923年8月，熊得山摘译的《起源》第一章、第五章、第六章、第九章，分别以《历史以前底文化阶段》《国家的起源》《未开与文明》为名，发表在《今日》（北京）第3卷第2期第76—81、30—46、57—75页。③

（二）个人全译本阶段

这一阶段的时间跨度为20世纪20年代末至50年代中期，期间的《起源》译本也呈现出两个特点：第一，翻译仍由个人完成；第二，译本主要以全译本的形式出现。这一时期《起源》的主要译本如下：

1. 李膺扬译《起源》译本

该译本由李膺扬根据欧内斯特·翁特曼的英译本译出，并同时参照了西雅雄氏及田中九一氏根据德文版的二种日译本。它于1929年6月10日由新生命书局（上海）出版，书名译为《家族私有财产及国家之起源》，著者译为"恩格尔"，印有"社会科学名著译丛"字样，封面注明

---

① 《英哲尔士论家庭的起源》，恽代英译，载《东方杂志》第17卷第19、20号，1920年10月。

② 参见《恩格斯和马克思主义》编写组编：《恩格斯和马克思主义》，北京：中国人民大学出版社1985年版，第511页。

③ 北京图书馆马列著作研究室编：《马克思恩格斯著作中译文综录》，北京：书目文献出版社1983年版，第206页。

"李膺扬译",封底注明"校订者周佛海 译者李膺扬",为竖排平装本。主要内容包括恩格斯写的第一版序言(1884年)、第四版序言(1891年)和正文,书前附出版者陶希圣于1929年6月14日写的序和译者序言。

出版者陶希圣在他写的序中介绍了《起源》的价值及出版《起源》的意旨,即"这本书的重要,是在以历史的唯物论来叙述民族学家所发见的材料。这本书的价值,是在民族学家所发见的事实能作历史的唯物论的证明。……本书是民族学开山巨著与历史唯物论交流之产物。我们介绍本书因此也有两方面的意义。第一在使读者得知历史唯物论的具体证据。第二在引起读者对民族学研究的端绪和兴趣"[1]。

译者在译者序言中简要介绍了《起源》写作的动因、基础、主要内容,以及该译本得以形成的文本依据,写道:"本书有如著者在序言中所说,是恩格尔继承马克思在生前有志而未遂的工作所完成者,他根据关于这一问题的摩尔根之划时代的研究,加上自己的研究,并插入马克思的评注……把自蒙昧,野蛮以至文明的人类之生活之历史,由唯物史观的见地,简单地论述。我们从本书,不仅获得在历史研究方法上的一般的指示,更可看到人类原始生活中许多有趣味的事实,与三千年来我们文明基础的一夫一妻家族,私有财产制度及国家之沿革,还有锐利的马克思主义的对此之批评。要想知道马克思学派怎样地看男女关系,怎样地看国家,本书便是极有兴味而且重要的指针。……本书以 Ernest Untermann 的英译为底本;当翻译时,并参照西雅雄氏及田中九一氏根据德文版的二种日译本。"[2]

该译本在1929至1937年间,由新生命书局(上海)重印了7版,其中自第五版(1934年3月10日)起未署校者;在所有7版中,恩格斯都被译为"恩格尔",全名被译为"菲特力克·恩格尔"。具体版本、形式如下:1930年3月30日,再版,印有"社会科学名著译丛"字

---

[1] 《家族私有财产及国家之起源》,李膺扬译,上海:新生命书局1929年版,第2—3页。
[2] 《家族私有财产及国家之起源》,李膺扬译,上海:新生命书局1929年版,第1—7页。

样,竖排平装本。1931年4月30日,第三版,印有"社会科学名著译丛"字样,竖排平装本。1932年7月23日,第四版,印有"社会科学名著译丛"字样,竖排平装本。1934年3月10日,第五版,印有"新生命高等文库"字样,封底无"校订者周佛海"字样,竖排平装本。1936年2月20日,第六版,印有"社会科学名著译丛"字样,竖排平装本。1937年5月5日,第七版,无"社会科学名著译丛"或"新生命高等文库"等字样,竖排平装本。

1938年6月,明华出版社重印该译本,封面书名同样译为《家族私有财产及国家之起源》,但著者译为"恩格斯",全名译为"福里特里黑·恩格斯",未署译者和校者,内容包括第一版序言、第四版序言和正文,同时删去了陶希圣的序和译者序言,竖排平装本。据笔者考证,明华出版社译本基本完全采用了前7版李膺扬的译本,区别仅在于两点:第一,将著者译为"恩格斯"。第二,去掉了部分译者注。例如,李膺扬译本"第一版序言"的第二段第一句话为"本书仅对我的故友(即马克思——译者注)所未能完成的工作,做成一点补充而已"①。明华出版社译本为"本书仅对我的故友所未能完成的工作,做成一点补充而已"②。

2. 未署译者、出版者、无出版时间等信息的译本

该译本为横排平装本,封面书名译为《家庭私产及国家的起源》,扉页书名为《家庭,私产及国家的起源》,封面著者译为"恩格思","第一版序言"和"第四版序言"末尾著者译为"法兰特里希·恩格斯",无译者、出版者、出版时间等信息,内容由第一版序言、第四版序言和正文构成,封底有手写"一九三○年 三、十六"字样。从该译本本身来看,可以确知该译本与李膺扬译本以及明华出版社基本重印的李膺扬译本不是一个译本,除此之外尽管无法获得关于该译本的其他确切信息,但是可以推断出以下内容:第一,该译本的出版时间在

---

① 《家族私有财产及国家之起源》,李膺扬译,上海:新生命书局1929年版,第2页。
② 《家族私有财产及国家之起源》,李膺扬译,上海:明华出版社1938年版,第1页。

1930年3月16日前。尽管无从考证该译本封底手写的时间点具体是购书者标注的购书时间抑或是出版时间抑或只是随手写的过去的一个时间点，但无论怎样，可以肯定的是，在1930年3月16日已经出现了该译本。第二，该译本可能是第一个将著者"恩格斯"译为"恩格斯"的译本。尽管该译本在封面将著者译为"恩格思"，但是在"第一版序言"和"第四版序言"末尾处则将著者译为"法兰特里希·恩格斯"。由于我们可以推断该译本在1930年3月16日前便已出现，早于1938年的明华出版社译本，因此据目前可考资料来看，该译本很可能是第一个将著者译为"恩格斯"的译本。第三，据目前可考资料来看，该译本很可能是第一个在书名中呈现出"家庭"字样而不是"家族"字样的译本。

3. 张仲实译《起源》译本

1939年，张仲实在盛世才反动统治下的新疆，不顾白色恐怖，根据莫斯科马克思恩格斯列宁学院院长亚多拉茨基重新校阅并编辑注释的《起源》俄译本，将《起源》译为中文。该译本于1941年2月由学术出版社（上海）出版，书名译为《家族私有财产及国家之起源》，著者译为"恩格斯"，全名译为"福里特里克·恩格斯"，印有"古典名著译丛"字样，主要内容为第一版序言、第四版序言、正文和附录——《新发现的群婚场合》，书前有译者序言，书中有编者注，竖排平装本。

张仲实的译本后来多次再版或重印，例如，1946年5月，生活书店（上海 重庆）版，书名译为《家族私有财产及国家的起源》，印有"世界学术名著译丛"字样，竖排平装本；1947年1月，生活书店（重庆 星加坡）重印，注明"胜利后第2版"，印有"世界学术名著译丛"字样，竖排平装本；1948年11月，光华书店版，印有"马列文库之六"字样，竖排平装本；1949年4月，新中国书局（印有"东北现名光华书店"字样）（长春）再版，印有"世界学术名著译丛"字样，竖排平装本；1949年4月，生活·读书·新知三联书店第一版，竖排平装本；1949年7月，新华书店（大连）重印，竖排平装本；1950年2

月，生活·读书·新知三联书店（上海）再版，书名为《家族、私有财产及国家的起源》，印有"马列主义理论丛书"字样，竖排平装本；1950年4月，生活·读书·新知三联书店（北京）第三版，印有"马列主义理论丛书"字样，竖排平装本；1950年10月，北京生活·读书·新知三联书店第五版，印有"马列主义理论丛书"字样，竖排平装本。

1954年，张仲实根据苏联国家政治书籍出版局1947年所出的《起源》俄文译本，对自己翻译的《家庭私有财产和国家的起源》一书进行了重新校订，补译了联共（布）中央马克思恩格斯列宁研究院序言一篇，并请人民大学研究部樊亢、谢家、王更生同志根据俄文译本，参考英、日译本校阅一遍，请中国科学院社会研究所汪敬虞同志根据英文译本校阅一遍，请北京大学东方语文系季羡林同志根据德文原文校订前半一部分，① 该校订本于1954年10月由人民出版社出版。书名改译为《家庭、私有制和国家的起源》，主要内容有第一版序言、第四版序言、正文、附录——《新发现的群婚实例》②，书前有联共（布）中央马克思恩格斯列宁研究院写的《序言》，书后有《译者后记》（写于1954年5月10日），书中有著者注、英文版编者注、俄文版编者注，本版为横排本，分精装、平装两种。

（三）有组织的集体翻译出版阶段

从20世纪初到1949年新中国成立前，马克思、恩格斯、列宁的许多重要著作都已经有了中文译本，但从整体上看，经典著作文本的中国化还存在大量问题，如经典作家的遗著中仍有大量文献尚未翻译介绍；已经出版的译本质量良莠不齐；各种译本译文风格不一，对经典作家的范畴、概念和术语译法不一；等等。在这种情况下，为了进一步提高译

---

① 参见《家庭、私有制和国家的起源》，张仲实译，北京：人民出版社1954年版，第176—177页。
② 1941年版译为《新发现的群婚场合》。

文质量，更全面地反映经典作家的全部理论，亟须成立一个专门机构来组织指导并从事经典著作文本的翻译工作。因此，新中国成立前夕，周恩来同志于1949年上半年起草了筹建中央俄文编译局的决定，中央俄文编译局于1949年6月正式成立。此后，中央又在中宣部设立了《斯大林全集》翻译室。1953年1月29日，经毛泽东同志亲自批示，中央决定将上述两个机构合并，成立中共中央马恩列斯著作编译局，"其任务是有系统地有计划地翻译马克思、恩格斯、列宁、斯大林的全部著作"①。中共中央编译局成立后，中国的马克思主义经典著作编译事业进入了一个有组织的集体翻译出版的新时代。借着这股东风，《起源》的翻译出版工作也进入了有组织的集体翻译出版的新阶段。

1954—1955年，中国派在苏联外国文书籍出版局工作的同志依据俄文版《马克思恩格斯文集》（两卷本）集体翻译出版了中文版《马克思恩格斯文选》（两卷本），《起源》被收入《马克思恩格斯文选》第2卷②第169—325页，内容包括第一版序言、第四版序言和正文，注明"集体翻译 唯真校订"。《马克思恩格斯文选》（两卷本）在《马克思恩格斯全集》出版之前被广泛使用，1958年和1963年，人民出版社先后两次重印。

1955年，中央编译局正式启动《马克思恩格斯全集》中文第一版的翻译工作，《马克思恩格斯全集》中文第一版依照收录《起源》正文和第一版序言的《马克思恩格斯全集》俄文第二版译出，同时参考了马克思的原著文字。③ 其中《家庭、私有制和国家的起源》正文和第一版序言被收入1965年9月出版的第21卷；第四版序言和"新发现的一

---

① 中央关于成立马恩列斯著作编译局与撤销中央俄文编译局的决定，参见《思想的历程》创作组编：《思想的历程：马克思主义在中国的百年传播》，北京：中央编译出版社2011年版，第107页。

② 《马克思恩格斯文选》（第2卷），莫斯科：外国文书籍出版局1955年版。

③ 参见《马克思恩格斯全集》第1卷，北京：人民出版社1956年版，扉页。说明：《马克思恩格斯全集》俄文第二版是根据苏联共产党中央委员会的决定，由苏共中央马克思列宁主义研究院编译，苏联国家政治书籍出版局于1955年开始出版的。

个群婚实例"被收入 1965 年 5 月出版的第 22 卷。联共（布）中央马克思恩格斯列宁研究院为《起源》写的《序言》未被收入《马克思恩格斯全集》中。关于中央编译局译校的《家庭、私有制和国家的起源》与以前译本的联系与区别，中央编译局在收录《起源》正文和第一版序言的《全集》第 21 卷中指出："'家庭、私有制和国家的起源'一书，是在人民出版社 1961 年单行本译文的基础上校订的，并由原译者张仲实同志审阅一遍"[①]；在收录《起源》第四版序言和"新发现的一个群婚实例"的《全集》第 22 卷中指出："关于原始家庭的历史（巴霍芬、麦克伦南、摩尔根）。'家庭、私有制和国家的起源'一书德文第四版序言"和"新发现的一个群婚实例"二文，是在 1961 年人民出版社出版的"家庭、私有制和国家的起源"一书（张仲实译）译文的基础上修订的。[②]

1966 年 3 月，人民出版社出版《家庭、私有制和国家的起源》大 16 开本单行本，共两册，恩格斯的《新发现的一个群婚实例》作为附录收入本书，书后附注释 151 条，函装横排本。在该版的封底中，出版社对本单行本的文本来源及内容作了简要说明，指出："本书中第一版序言和正文部分的译文采自《马克思恩格斯全集》中文版第 21 卷，第四版序言和附录的译文采自《全集》中文版第 22 卷。这次排印大 16 开本时，由中共中央马克思恩格斯列宁斯大林著作编译局对译文作了一些修改。"[③]

1972 年，为了适应读者学习马克思主义的需要，中央编译局编辑了 4 卷本《马克思恩格斯选集》，由人民出版社于 1972 年 5 月出版，封底注明"中共中央马克思恩格斯列宁斯大林著作编译局编"，其中《起源》被收入《选集》第 4 卷第 1—175 页，收入内容为第一版序言、第四版序言和正文，未附《新发现的一个群婚实例》。《选集》中《起源》

---

① 《马克思恩格斯全集》第 21 卷，北京：人民出版社 1965 年版，第 827 页。
② 参见《马克思恩格斯全集》第 22 卷，北京：人民出版社 1965 年版，第 862 页。
③ 恩格斯：《家庭、私有制和国家的起源》，北京：人民出版社 1966 年版，封底。

的译文采用人民出版社出版的《马克思恩格斯全集》的译文,经过了重新校订。①

1972年12月,人民出版社出版《家庭、私有制和国家的起源》单行本,注明"中共中央马克思恩格斯列宁斯大林著作编译局译",内容包括第一版序言、第四版序言、正文和附录《新发现的一个群婚实例》,书中有编者注,书后附注释和《族名索引》,横排平装本。

1995年,中央编译局编译的《马克思恩格斯选集》中文第二版由人民出版社出版发行,扉页注有"中共中央马克思恩格斯列宁斯大林著作编译局编译"。《选集》第二版的译文以第一版为基础,并依据1975年开始陆续出版的《马克思恩格斯全集》历史考证版,及《马克思恩格斯全集》德文版、英文版等进行了重新校订②,并对注释和索引进行了增补和修订。经过重新校订过的《家庭、私有制和国家的起源》被收入《选集》第二版第4卷第1—179页,收入内容为第一版序言、第四版序言、正文,未附《新发现的一个群婚实例》。

1999年,人民出版社出版了列入《马克思列宁主义文库》的《起源》单行本。

2009年,由中央编译局编译的《马克思恩格斯文集》10卷本由人民出版社出版发行,扉页注有"中共中央马克思恩格斯列宁斯大林著作编译局编译"。《文集》的译文根据《马克思恩格斯全集》历史考证版($MEGA^2$)、《马克思恩格斯全集》德文版(柏林)和《马克思恩格斯全集》英文版(莫斯科、伦敦、纽约)作了重新审核和修订。经过重新审核和修订的《起源》被收入《文集》第4卷第13—198页,内容包括第一版序言、第四版序言和正文,未收入附录《新发现的一个群婚实例》。

---

① 参见《马克思恩格斯选集》第1卷,北京:人民出版社1972年版,第1页;《马克思恩格斯全集》第21卷,北京:人民出版社1965年版,第27—203页;《马克思恩格斯全集》第22卷,北京:人民出版社1965年版,第246—259页;《马克思恩格斯选集》第4卷,北京:人民出版社1972年版,第1—175页。

② 参见韦建桦:《马克思主义理论建设的崭新成果——〈马克思恩格斯选集〉中文第2版简介》,载《马克思恩格斯研究》1995年第23期。

2012年，为了确保经典著作译文的统一性和准确性，由中央编译局编译的《马克思恩格斯选集》中文第三版由人民出版社出版发行，扉页印有"中共中央马克思恩格斯列宁斯大林著作编译局编译"字样，《选集》译文采用《马克思恩格斯文集》的译文，《起源》被收入《选集》第4卷第12—195页，内容包括第一版序言、第四版序言和正文，未收入附录《新发现的一个群婚实例》。

此外，民族出版社还根据中共中央马克思恩格斯列宁斯大林著作编译局的中译文翻译出版了蒙文版（1976年2月）、朝鲜文版（1976年12月）等民族文字的《起源》译本。新疆人民出版社出版了哈萨克文的《起源》译本（1959年版）。[①]

(本文来自2017年中央编译出版社出版的江洋所著《恩格斯〈家庭、私有制和国家的起源〉研究读本》有关内容。)

[①] 参见北京图书馆马列著作研究室编：《马克思恩格斯著作中译文综录》，北京：书目文献出版社1983年版，第208页。

思想挂帅
家庭、社会、学校及国家的教源

家庭私產及國家的起源

恩格思著

恩格思 著

家庭，
私產及國家
的
起 源

THE ORIGIN OF THE FAMILY
PRIVATE PROPERTY
AND
THE STATE

By FREDERICK ENGELS

第一版作者原序
（一八八四年）

　　本書含有幾分完成遺志的意義。 除卡爾馬克思外，沒有一人能夠發揚光大莫爾根 (Lewis H. Morgan) 所研究的結果而與自己的唯物史觀連繫起來。 （唯物史觀，在某種範圍內，可說是我們二人共有的）。 馬克斯很想藉此闡明這觀念的全部意義。 因莫爾根會在美洲又單獨發現馬克斯已於四十年前所首創的唯物史觀。他於半開化和文明兩時代的比較中，大體上和馬克斯得到相同的結論。 正像資本論為德國經濟學者苦心剽竊，不加聞問一樣，莫爾根的古代社會 (Ancient Society, 或稱 Researches in the Lines o Human Progress from Savagery, through Barbarism, to Civilization. 此書於一八七七年出版於美國的 Henry Holt & Co.) 亦遭到英國古史學者同樣的待遇。

　　我的著作祗能為亡友所不克完成的小小代替物。 但在吾友摘錄莫爾根的巨大稿本中，我有一點評註，也在這裏盡其棉薄地整理出來。

　　按照唯物史觀，決定歷史進程的原素根本上是生命和生命的物質要求之生產和再生產。 這就是一方面包括生活品的生產（食物，衣服，房屋和日用器具）；在另一方面，包括養育兒童，蕃衍種族。 某一歷史時期和某一國家的人民所有的社會制度都是這兩種生產形式的產物；即一部份基於勞動的發展，另一部份基於家庭的發展。 勞動愈少發展，勞動的生產量愈有限，亦即社會的財富愈有限，則社會愈受兩性關係的箝制。 但是，在這基於兩性關係的建築物中，勞動的生產力一天一天地發展起來。 同時，私產與交換，財富的劃分，對於他人勞動力的剝削，並由此發生的階級仇視的基礎，都形成起來了。這些社會的新原素迫促舊的社會狀況去適應新的條件，直到兩方不能調和，最後，引起全部革命為止。舊的以兩性關係為基礎的社會形式，就在其與晚近所發展的社會階級之衝突中遭到末運。於是結晶於國家的新社會就出現了。牠的單位，不復為兩性的集團，而為地方的集團；此即家庭關係完全附屬於財產關係的一種社會，一切供給自古迄今的全部成文史底材料的階級仇視與階級鬥爭，都從此以後自由地發展起來了。

　　莫爾根的大功卽在他於大體上再發現並再確定我們這成文史的基礎，並於北美洲的印第安土人（Indians）底兩性組織中找到了打開一切最古的希臘，羅馬和日耳曼底歷史上的悶胡盧之鑰匙。他的書並非旦夕可成的著作。他苦心孤詣，歷四十幾年之久，然後得到關於這問題的澈底了解。所以，他的著作是現代數種轟動一時的名著中之一。

　　在本書的敍述中，讀者不難從大體上分別何處是莫爾根的固有材料，何處是我自己所補充的。關於希臘和羅馬的兩段歷史，我並不限於莫爾根的材料，且盡我力所能及地加以補充。至如關於色勒特和日耳曼的兩段文章，則主要的還是我自己的材料；莫爾根僅有一些無甚重要的材料。關於日耳曼的狀況，除了塔錫塔斯以外，他僅據毫無價值的，荒謬絕倫的，「自由人」的杜撰。所有關於經濟上的推斷，在莫爾根看來固無不足處，但我以為尚是欠缺得很的，所以我完全依照我的意見，從新加了估計。最後，對於一切結論，除非顯然是抄襲莫爾根的，我當然都要自己負責。

——法蘭特里希，恩格斯

四版序言
（一八九一年）

　　這部作品的第一次大版已經絕版約六個月了，發行者曾向我要求準備新版。　要緊的職務直到現在阻止了我實行這項工作。　從第一版見世以後已經有七年了，在這時期中關於家族的原始形式的研究已經得到了相當的進步。　因此現在必須好好使用那些革新的和補充的材料，更其是因爲本文的鉛版在以後再要修改，事實上是不可能的。

　　所以，我決意把全文澈底校訂一番，並加以許多的補充，這些補充材料，我希望是適應於目前科學發展的階段的。　此外，我在這篇序言中要把從巴霍風起直到莫爾根止的各種著作家對於家族歷史的言論，加以簡略的敍述。　我之所以要如此做，主要的是因爲那些染着濃厚的愛國主義色彩的英國古史學派，還是極力用沈默來繼續摧殘由莫爾根底發見所影響到的關於原始社會觀念的改革。同時，這些學派仍絲毫沒有停止把莫爾根研究所得的結果，拿作己用。　在其他派別裏這種英國式的例子，也同樣不幸地很普遍的被仿傚。

　　我的作品已翻成各種文字。　首先譯成意大利文，（一八八五年），後來翻成羅馬尼亞文（一八八五年九月至一八八六年二月），再後爲丹麥文（一八八八年）。　由亨利拉徵(Henri Ravé) 根據最近德文版譯的法譯現正在付印。

　　家族的歷史直到六十年代的開始還未談到過。　這部門歷史的科學，當時完全是在十條誡命 (decalogue) 的影響之下。　由摩西詳細地所說明的家族的家長形式（他較任何人要解說得更爲詳盡）不僅毫不懷疑地當作爲最古的形式，並且也作爲近代家族的形式。

大家都不承認家族有什麼歷史的發展。最好的，也不過認為縱慾時期曾在古代存在過罷了。

無疑的，除一夫一妻制外，他們還知道東方的一夫多妻和印度西藏的一妻多夫制，但他們不知道把這三種形式依歷史的次序編列起來，而祇把牠們毫無聯繫地並排的安放着。古代的幾個民族及近代的幾個野蠻種族不是由父親而是只由母親遺傳的，因此，祇有母系是真確的；近代的許多民族中，在自己內部大羣裏的互相嫁娶，是被禁止的，牠的範圍雖尚未被核實，但這種風俗在地球的各地却都還可以找到——以上這些事實，不錯的，已經被人所知道，並且還有更多的例子會繼續的被搜集着。但是沒有人知道怎樣去利用這些事實。就是在泰羅（E. B. Taylor）所著的人類太古史研究（一八六五年）等書中，也只不過把這些事實以及野蠻種族之禁止用鐵器來接觸燃燒着木頭的慣例，及其他類似的宗教的荒誕，當做『奇怪的風俗』罷了。

家族的歷史是從一八八一年巴霍風的母權律出版時期開始的。這裏作者提出了以下的意見：

一　人類在最初是生活於一種無限制的性交中，這種生活，他約略的命之謂雜交。

二　這種交媾絕對排除了決定本人的父親為誰的方法；他的出身祇能由母系卽根據母權來決定。這是普遍地被上古全體民族所實行的。

三　結果（根據巴霍風的思想）女子，所謂母親，就成為青年後代唯一公認的生養者；她得到了很高的尊敬的和順從的貢物，直到女性支配一切（„gynaicocracy"）。

四　關於轉變到一夫一妻制，卽把某個女子專門供給一個男子的制度，是污瀆了原始宗教法律的（就是，實際上違犯了所有其他男子對這同一個女子的習慣權）這種違犯行動必須被處罰的，或是把這女子在相當時期內交給公衆使用以購得一夫一妻制的准許權。

巴霍風十二分努力的從古代傑著裏搜集的許多事實，都是證明他以上各種論點是對的。依照他的意見，從雜交轉變到一夫一妻制，以及從母權制轉變到父權制，是經過宗教思想的進化所演成的，尤其是在希臘人中。代表新思想的新上帝現在添加到代表舊思想的一部分傳統的上帝中去了；後者是逐漸地被前者所排擠了。所以根據巴霍風的意見，不是生活的實際境遇的進步影響於夫妻的相互社會地位的歷史的變更，而是這些實際境遇是人心中宗教的反映。所以巴霍風以為愛斯却拉斯 (Aeschglos) 的阿萊斯替耶 (Oresteia) 是一種衰落的母權制與父權制鬥爭中的戲劇的描寫，在這英雄時期父權是逐漸發展而得勢的。

克烈德也姆尼斯曲拉 (Klytaemaestra) 殺死了她的丈夫亞敢囊 (Agamemnon)，當後者為他的愛人阿傑斯掃史 (Aegisthos) 從羅亞 (Trojan) 戰爭回來的時候。但阿萊斯替斯 (Orestes)，（亞敢曼囊所生的她的兒子）為了父親之死復仇起見，遂殺死了他母親。所以他（指阿萊斯替斯）就被母權保護的神鬼，愛林耶 (Erinyes) 所虐待。依照母權律，謀殺母親是一件最可怕最難贖的罪孽。但是亞普羅 (Apollo) 用神通的方法鼓勵阿萊斯替斯這種舉動，同時，雅典 (Athene) 被請為公正人——這二個代表新的父權的神道，是庇護阿萊斯替斯的。雅典讓雙方來講話。整個的問題，就歸結於阿萊斯替斯及愛林耶斯相互的辯論。阿萊斯替斯聲言：克烈德也姆尼斯曲拉犯了雙重的罪：殺死她的丈夫，同時殺死了他的父親。但為什麼愛林耶斯虐待阿萊斯替斯而不虐待那犯了更大罪孽的她呢？

對這問題的答覆是很可驚異的：

『她（指克烈德也姆尼斯曲拉）與那個被她所殺死的人在血統上是沒有關係的』。

對一個不同血屬的謀殺，雖然他是一個女謀害者的丈夫，但其罪是可以贖的，因此這種謀殺，愛林耶斯（即母權的保護者——譯者）是不顧及的；他們的責任只在於追究那同血屬關係的謀殺。依照母權律那謀害母親者是最兇惡及最不可恕的罪孽。於是亞普羅起來代阿萊斯替斯辯護了。雅典於是召集古雅典大法院的陪審官來付表決；可是雙方的票數相等。這時候雅典以法庭主席的資格，就把自己的票加在庇護阿萊斯替斯方面，結果判阿萊斯替斯為無罪。父權終究戰勝了母權。新時代的護神（這由愛林耶斯所稱呼他們的）克服了愛林耶斯。愛林耶斯最後就被說服在新的條件之下接受新的職務。

這段關於阿萊斯替斯的新穎而眞確的說明，是全書中最完美的一節，不過同時也證明巴霍風自己也相信愛林耶斯，亞普羅，及雅典竟如愛斯却拉斯當時所相信的一般。他深信，他們扮演了當希臘英雄時那經過父權使母權滅亡的奇蹟。這種把宗教作為世界歷史之主要槓桿的類似的觀念最後必定會引到一種純粹的神祕主義，自然是很明顯的。

所以要從巴霍風這樣大卷的作品中找出路，是一件很困難而且是不能得益的工作。可是無論怎樣，他底基本作品的價值是不能減低的。他是第一個說明在古典文學中確已指出了許多事蹟證明在一夫一妻制以前的希臘人，及亞細亞人中間確已存在別種的性的關係。他就是以此來代替那關於不可知的亂交的原始狀況之臆說的。這些性的關係不僅應許一個男子可以與幾個女子交媾；並且應許一個女子可以自由的與幾個男子交媾，而不違犯良善道德的。但這種習慣消滅時，仍遺留着那種在一定時期內把女子被公衆使用藉以購買一夫一妻制的權利的殘跡。因此，人類的傳代原來只是由母系來的。唯一的母系法律的表現即使在父權確定（至少也是被承認的）後一夫一妻制的時期仍被保存着。因爲母親爲兒童生養者中唯一可確定的人的原有地位，使他們及其他女子得到他們以後所未享受過的一種更高的社會水平線。雖然巴霍風曾偏重於神祕的觀念，沒有這樣顯明地來說出這些意見，可是他證明了這些意見的真確。這在一八六一年簡直是思想上的完全革命。

巴霍風的大作是由德文寫成的,這就是說,是由那國在當時對目前家族歷史較任何國家少為注意的文字所寫成的。所以他直到現在仍不為人所知道。所以以後,那個在一八六五年出世的,在同樣問題上來繼續他的人,連巴霍風的名字沒有聽到過。

這個繼任者就是麥克倫南(J. F. Mclennan),他與他的前輩(即指巴霍風——譯者)正處在一種直接相反的地位。他不是一個多才的神祕家,而是一個嚴肅的法學家;他沒有詩人的蓬勃的幻想,而祇是一種律師的辯詞的結合。麥克倫南找到在古代及近代的許多野蠻或甚至於在文明民族中間的一種婚姻形式,強迫新郎單獨的或與他的朋友合作的,經過一種挪揄的方式,來奪取新婦。這必定是一種較古的某一部落的男子實行強奪別部落的女子而取得他們的妻子的。這種「盜婚」是怎樣產生的呢?當男子在他們自己部落裏能夠充足地找得女子時,那就用不到盜。這種現象,我們常常在那些未開化民族(這些民族在一八六五年常被論作與部落的本身相同的)的某幾個部落中遇到的,他們在部落內部是禁止互相結婚的。結果,某部落的男子(或女子)不得不向部落以外去選擇妻子(或丈夫)。其他的部落仍遵守那種逼迫男子只能在自己部落內部選擇妻子的習慣。麥克倫南名第一種的形式(即到部落外部去找對偶——譯者)為族外婚(Exogamous),第二種為族內婚(Endogamous),並且把族外婚與族內婚的「部落」嚴格的互相對立起來。雖然,他的族外婚的研究,很明顯的表示出這種對立的推論,在許多事實方面(即使說不是所有的事實),證明着只不過是在他的幻想中存在的,然而他却把這種推論作為他的全部理論的基礎。根據這個理論,族外婚的部落只能從別的部落中去選擇他們的女子。因此,依照他們野蠻的狀況,那繼續戰爭的環境,在這些部落中,女子只能由掠奪而得到的。

麥克倫南進一步又問:這種外偶的習慣,究竟從何處來的呢?

他說血親和血族相奸的觀念對這個問題是絲毫沒有關係的，因為這些觀念到更後的時期才發展的。 但是在野蠻種族中間却有過這樣習慣，就是當女孩生後就立刻把她殺死，這種習慣曾很普遍地被實行。 這樣一來，在那些實行此項習慣的部落內，自然的產生了男子的過剩，結果就會造成一種幾個男子共一個女子的局勢———一妻多夫制。 此外在這裏所得到的第二個結果，就是孩子的母親可以被斷定的，而其父親是誰却不能知道；所以人的出身只能從母系方面尋得，而不能由父系方面——由此就形成了所謂母權。 最後，在某部落中關於女子缺乏所產生的又一個結果，就是向別的部落方面去強奪女子（這種缺乏的現象雖因一妻多夫制略見減輕，但並未消滅）。 『所謂族外婚及一妻多夫制都是由於同一的事實而產生的——兩性間平衡的缺乏。 我們不能不說一切族外婚的人種原來就是一妻多夫的人種……所以，我們這裏必須無疑地說，就是在族外婚的人種間第一個親屬的制度只是那種在血統上祇承認母親的制度』。（見麥克倫南所著古代歷史研究 (Studies in Ancieut History ——一八八六年) 及原始婚姻 (Primitive Marriage———一二四頁)』。

麥克倫南指出了他所謂族外婚的一般的範圍和其十二分的重要性，這是他的功績。 然而，他却絲毫沒有發現族外婚的集團的事實；同樣他沒有了解這些集團的存在。 除了那些散佈的許多考據家較古的記錄以外——麥克倫南曾引用這些記錄——拉撒姆 (Latham) 曾確切地在印第安的馬加人 (indian Magars) 中間來說明這種制度，並述說這種制度在地球的各處曾很普遍地通行着的。 麥克倫南自己引證了這段話。 在一八四七年時，我們的朋友莫爾根在他講到依洛格民族的信中對於這同樣的習慣也已經很正確的指出來了，同樣他在依洛格聯盟 (The leaque of the Iroquois) 底論文中也說到過。 我們現在可以見到：麥克倫南律師的本能，在這個問題上面較巴霍風在母權問題上面所表示的玄妙的幻想，如何的更為雜亂無章呀。

此外麥克倫南在承認那種由母系來追求人的出身的習慣是一種原始的習慣一點，也是他的功績，雖關於這點巴霍風在他以前已經講到過。　麥克倫南後來是承認這一點的。　不過他對於本題仍未十分明瞭。　他常說到『血族關係只經過女性的』，並且把這個詞句應用到家族發展的後一時期（這種詞句應用於較前時期是十分真確的）那時人的血統和遺傳雖仍完全經過女系的，不過同時關於男性方面的血屬也已經開始被承認，被指明了。　這是法學家的偏狹性，制定了一個固定的名詞，繼續不斷的利用之來說明那種在事實上與這個名詞已不適用的環境。

　　不管麥克倫南的說明如何的遭到讚賞，可是他的理論就是著者自己看來，也未見得很好。　至少他自己覺得『那種俘獲的事正在那些有男性血統關係的種族中表示得最明顯而動目』是值得注意的。

　　再說：『這是一件奇異的事實，就是現在，由我們所知道的無論那裏凡族外婚及血親的最初形式同時存在的地方，殺嬰兒的事已沒有了』。

　　所有這些事實直接的駁倒他的解釋的方法，他在這裏只有想那種新而更複雜的假說。

　　不管怎樣，他的理論在英國却受到了極大的歡迎和贊賞。　那邊，簡直把麥克倫南普遍地看做是家庭史的創始者及家族問題的第一個權威。　他的族外婚與族內婚『部落』(tribes) 的對立還成為一種普通觀點的公認的基礎，雖然中間經過了許多的修改，發現了許多的例外。　這個對立 (Antithesis) 的學說變成了一種眼罩，使自由地觀察問題的本質變為不可能，即使任何確切的進步，成為不可能。　這是我們的責任，去反對那種在英國及到處所發現的對麥克倫南的過昂的估價，我們應該說明他的族外婚及族內婚對立的一種謬誤設想，所給與的害處比它所給與的好處要多。

　　不僅這樣：往後還有許多關於和他的結構不相稱的事實逐漸地

被發現出來。 麥克倫南祇知道三種婚姻的形式：一夫多妻，一妻多夫，及一夫一妻。 但是我們對此若加以注意，那我們就會逐漸的得到更多的證明，在許多未開化的民族中間還有這樣的一種婚姻形式：一羣男子據有一羣女子。 拉鮑克 (Lubbock) 在他的『文明起源 (Origin of Civilization —— 一八七〇年)』書中曾承認這種『羣婚 (Communal marriage)』是一件歷史的事實。

緊接着拉鮑克以後，在一八七一年，莫爾根發現了新鮮的並且許多是確鑿的材料。 他自己深信在依洛格氏族中間所流行的血親的特殊制度是和美國的太初居民中所通行的相同，雖然這種制度是那些在婚姻制度中所產生的親屬關係是正相反的，可是牠在大陸各地是到處通行的。 他用他自己所繪成的問題的圖表說服了合國政府去搜集別種民族的血統制度的消息。 這些問題的答案得以下的結果：

一　美國印第安人的血統制度同樣是在亞細亞流行的，在許多非洲及澳洲的部落中，祇是略有變動而已。

二　在夏威夷及有幾個奧大利島中這種制度在那邊所謂羣婚的或種形式正在消滅的過程中，得到充分的說明。

三　除了這種婚姻制度以外，在這些同樣的島上，還有那祇由更原始及現在已消滅的羣婚形式所遺留下來的一種血統制度。

莫爾根所搜集的材料及其結論，是在他所著的血族及姻親制度 (Systems of Consanguinity and affinity —— 一八七一年) 書中發表的。 此外，問題討論的範圍也更擴大了。 他從親屬制度出發，重新建設了適當的家族形式，由此開闢了一條科學研究的新道路，打開了史前人類生活的觀點。 當這種觀察得到了公認，那麥克倫南肥弱的結構就將在空氣中消滅了。

麥克倫南在他原始婚姻 (Primitive Marriage —— 一八七五年) 的新版中仍擁護他自己的理論。 當他十二分機械地把許多的假說聯結成爲家庭史時，他不僅對拉鮑克及莫爾根的每一個論點要求證明，甚至於堅持要有如爲蘇格蘭法庭 (Scotch Court) 所承認的那種無容爭辯的眞理的證明。這樣做的正是那個毫不支吾地斷定以下的人民是實行過一妻多夫制的人。正是那個說，這制度在德國人中間存在着，因德國人的叔姪裏（即母親之兄弟及姊妹的兒子）間有親密的關係；在不列顚人中間存在着，因爲凱撒報告說不列顚人共同有十個到十二個女子；在半開化人中間有存在着，因爲一切老作家關於公妻的報告都被他所誤解的人！這使人囘想到一個原告的律師他盡可能的想各種方法來造成這件案子，但他却要求被告律師所講的每句話有非常正式的及合法的證明。

他說所謂羣婚純粹是想像的產物。這樣看來，他較巴霍風更爲不如。他認爲莫爾根的親屬制度不過是一種習俗禮貌的法條因爲他以爲印第安人對生人（白種人）也常用父兄來稱呼的。像那些以爲父親，母親，兄弟，姊妹等名詞不過是一種無意義的稱呼，因爲天主敎的僧侶及女牧師也被稱呼爲父親及母親，以外和尙及尼姑，或甚至於共濟會會員及英國職業俱樂部的會員當莊嚴的會議上也常被稱呼爲兄弟或姊妹的人一樣。總之，麥克倫南的辯論是異常無力的。

還有一點尙未被攻擊到的。爲麥克倫南全系統基礎的族外婚及族內婚部落的對立，不僅沒有人向牠挑發，並且仍普遍地被認爲是全部家族歷史的樞紐。大家認爲：麥克倫南說明這種對立的理由，是不充足的，並且是和他自己所擧的事實相矛盾的。但是這種對立的本身，及那種獨立部落二種正相反對的形式的存在（一種形式就是部落的内部許可婚姻，其他的却嚴格禁止這種風俗）却被認爲是天經地義的福音。（參考一八七四年基拉逹周輪著的家族的起原及拉飽克的『文明的起原』——（第四版，一八八二年）。

關於這一點，莫爾根的基本作品古代社會（一八七七年）給了解釋。這部書就是以他的這作品爲基礎的。這裏，我們就見到莫爾根在一八七一年僅暗昧地了解的那些問題底明確的說明。這裏沒有族外婚與族內婚的對立，族外婚的『部落』直到現時還沒有發現過。但是當羣婚制仍存在時——很有把握的可以說這種制度到處會有過的———個部落曾經根據母系的血統劃分為許多的集團——氏族 (gentes)，在這氏族內，相互結婚是嚴格地被禁止的。所以某氏族的男子可以在部落內來選擇他們的妻子（這樣已成為一種規則），但必須在本氏族以外去選擇。因此這氏族就完全變為族外婚的，至於由氏族所積合起來的部落是族內婚的。這事實給了麥克倫南底機械的構造以致命的打擊。

但莫爾根並未停止於此。美洲印第安人的氏族幫助他在這問題研究方面得到另外一種重要的心得。他認為這個依照母權律而織起來的氏族是那種以後依照父權所發展的氏族的原始形式。昔的氏族我們在古代文明的國家中找到的。希臘及羅馬的氏族到近代還成為歷史家一種沒有解決的悶葫蘆，但現在我們在印第的氏族中却得到說明了。全部原始的歷史已被發現了一種新的礎。

關於說原始母系的氏族是文明國家裏父系氏族的初期，這種理論的發現對於古代的歷史，猶如達爾文對生物學方面的進化論，及馬克思對政治經濟學上的剩餘價值論，有同樣的意義。所以莫爾根能夠起草一個家庭史的大綱，至少他能夠把發展的根本時期，具體地及扼要地說明出來，在現在一切可用材料所應許他這樣做的範圍內。很明顯的，莫爾根的學說，確開了古代歷史研究的新紀元。母系氏族已成為這門科學所週轉的樞紐。從這發明以後，我們知道應該向着那方面來繼續研究，要討論什麼及怎樣來配置我們研究的結果。所以，現在在這門學科方面所得的進步，比莫爾根的書未出版前，要更為迅速了。

莫爾根的發現，現在已普遍地被利用了，就是英國的考古家也要利用它。但是他們中間幾乎沒有一個人肯公開的說，這種思想的革命應歸功於莫爾根的。他的書在英國是盡量的被吐棄，他本身他因他過去作品的優越而遭到排斥。他底討論細目，却孜孜不倦地被批評，可是他的真實的偉大發現却頑固地被遮蔽了。古代社會的原版已停刊了。像這種著作在美國幾乎沒有銷售的市場，在英國，這書是系統地被禁止的。這一代傑作在市場上所流行的唯一刊本，只有德文的翻譯。

這種現象究由何處而產生的呢？我們不能不說這是要用沈默來埋歿莫爾根理論的陰謀，只要我們想起一下多少無意義的禮儀的摘引與其他的例證充滿着我們有名考古學家的作品的時候。因為莫爾根是美國人，所以英國的考古學家，不論他們怎樣努力的來搜集材料，終很難來聽從這二個有才幹的外國人，如巴霍風及莫爾根來決定及排置他們的材料。他們能夠向德國人忍耐，但向美國人呢？每一個英國人向美國人就成為愛國主義者了。我曾經在美國見過這種事實的很有興味的插畫。同時，我們須記好，就是麥克倫南曾公開被稱為是英國史前科學的創造者及領導者的。對於他的機械式的歷史的結構，從殺嬰兒制起經過一妻多夫制及強奪制以至於母權律，差不多需要用一種崇敬的態度來講。假若有人對於族外婚及族內婚部落的完全獨立有所懷疑的話，那這就要被否作是犯了瀆聖之罪。根據這種觀點，把這些神聖的教條化為烏有的莫爾根自然是犯了一種妄行破壞的罪了。更其壞的，莫爾根消滅這些教條的態度已足夠來暴露他們的不鞏固，使向來那些在族外婚與族內婚之間徬徨着的麥克倫南的贊賞者幾乎都被逼而擊打他們自己的腦殼，呼喊着說：「我們是何等的愚蠢呀，沒有把這理論推究出來！」

莫爾根似乎反對那些合法的考古學家所犯的罪還不夠（這種犯罪使後者藉此以證明他們之放棄一切公平方法及對莫氏採取冷淡態度的有理的）仍繼續地注他罪孽之杯直到最後的盈溢。他不僅如傅利葉一般的態度來批評了文明，批評了為利潤而生產的社會及人類社會的基本形式，並且同樣的用馬克思所可說出的話來說明未來社會的改造。所以麥克倫南之憤怒地以十二分嫌惡歷史的方法來攻擊他以及日內瓦 (Geneva) 教授軋拉逩周輪 (Giraud-Teulon) 在一八八四年之同意於麥氏的意見，這些部是莫爾根必然的所要遭受的命運。難道這個軋拉逩周輪在一八七四年，不曾徬徨地在麥氏族外婚的迷路中徘徊着的吧？難道不是莫爾根最後把他解放出來的嗎？

在這序言中，不必多說藉莫之力而完成的太古史的進步的其他形式。這些在我的作品中可以看到的。從我的主要作品出版以來的十四年中間，關於太古社會歷史的材料是相當的增加了。人類學家，遊歷家，及專門歷史家與那些比較法學家聯結起來共同地增加了新的材料，開發了新的觀點。有些地方，莫氏的假說已經被搖動或甚至於完全被廢棄了。但是一切新的材料，却絲毫沒有削弱他的主要的意見。他在原始歷史中所設立的次序，在根本方面到今日還是有效。我們甚至於可以這樣說，這種次序，就是在蒙蓋這偉大的進步的創始者的地方也將同樣的遭到承認。

一八九一年六月十六日，恩格斯。

家庭，私產及國家的起源

第 一 章
有史以前的階段

莫爾根 (Morgan) 是企圖把太古社會史編成合於邏輯程序的始祖。 在沒有得到更豐富的材料以前，他的編纂不會再有變更的必要，且確能保持下去的。

在野蠻，半開化和文明三個大時代中，當然祗有前兩個時代和至第三時代的過渡時期遭到他的注意的。 他把每個時代都按照生活品生產的進步而更分為低段，中段，高段。 他所以這樣分法的理由，就在人類克服自然界的程度要以生產生活必需品的能力為標準，因在一切生物中，祗有人類獲得了生產食物的絕大能力。 照莫爾根的意見，一切人類進化的大時代多少直接和生活品的大增加相密合的。 家庭進化的程序亦是一樣，不過沒有同樣明顯的徵象以便詳分階段罷了。

（一） 野蠻時代 Savagery

一　低段：

這是人類的幼稚時期。 那時的人類尚居於他們原來的居處，即在熱帶或半熱帶的森林中。 他們至少有一部份的時間要住在樹上，因祗好這樣纔能避免巨大猛獸的襲擊以保生存。 水菓，堅菓和根莖是他們的食品。 這時期的唯一產物，就是語言的形成。有史以來，世界上沒有發現過一個比這原始階段更落後的民族。

這個時期也許延長至數千年之久，可是我們無法得到直接證明其存在的證據。 但若承認了人由動物進化出來的事實，則不得不同時承認這個過渡時期的存在。

二 中段：

始於吃魚（包括螃蟹，介殼類及其他水族）和用火。 這兩者是互相連繫的，因魚祇有得火的幫助然後完全可食。 有了這種新食品之後，人類就完全不受氣候和疆域的限制了。 他們沿河流和海岸而發展，然在野蠻時代中也能分佈於地球的大部份。 所謂古石器時代以粗笨而無鋒口的石塊做成的古石器，差不多完全屬於這個時期。 這些東西廣播於五大洲，足以證明他們足跡所至的廣闊了。 繼續發現的慾望和磨察取火的經驗兩相連貫，就於後來所居住的區域中造成了新的產品。 這就是於熱灰中或坑爐（地灶）中烤熟的富於澱粉質的根和塊莖等物。 等到原始的武器——粗棒和槍——發明後，菜單上有時又添加一點鹿肉了。 但如我們在書本上往往看到的絕對以打獵為生的民族是沒有的，因打獵所得的食物太不可靠。 因食品來源繼續恐慌的結果，人食人的舉動似乎就在這時期內發生的。 這個階段延長得頗久，即如現在澳洲人和大洋洲人都尚在這個野蠻時代的中段。

三 高段：

始於弓箭的發明。 這時期已能使鹿肉成為日常的食品了，打獵也成為普通的事務了。 弓箭和弦合成一種較複雜的工具，由這種工具的發明，可以逆料已有長時期經驗的積累和思想力的增進，同時牠亦是別的種種發明後熟能生巧的結果。

試把善於使用弓箭而尚不知陶土術的諸民族互相比較（莫爾根以陶土術為進至半開化時代的起點），我們即可指出此時有村落居留（Village settlement）的開始，生產食物的調製，木料的器皿，手編樹皮纖維的織品（無織布機），用樹皮或蘆葦編織的籃子，和有鋒口的石器（新石器）等等。 通常以火和石斧亦可用為營造獨木舟，及取得蓋造房屋所用的木料和木板。　這些工具的改良，都可從美洲西北部的印第安士人（Indians）中找到事實，他們都是善用弓箭而尙不知陶器的。　野蠻時代的弓箭，好比半開化時代的刀劍和文明時代的軍火，總算是最厲害的武器了。

（二）　半開化時代 Barbarism

一　低段：

這階段以陶土術的發明爲起點。　這種發明的起源，大半或竟可說完全是由於塗尼於木料的或編摺而成的器皿上以防焚燬的習慣上來的。　不久以後，就發覺純粹尼做的器皿，不必用別的東西做原型，亦有同樣的用途。

一直說到這裏，我們承認一般進化的途徑，在同一的階段中，無論那一種民族都有同樣的特徵，而與地理無關的。　但從半開化時代起，我們到了另一階級，這就是兩大陸天然富源的差異，使時代本身也發生了不一致的現象。　半開化低段的顯明現象，就是馴養牲畜，和植物的種植。　可是東半球（即所謂舊大陸）富有一切可馴養的動物和一切可種植的穀類（祇有一種沒有）；然而西半球（美洲）僅有一種可馴養的動物——駝羊（llama，且這種動物也祇產在南美的某處），和一種（雖是最好的一種）可種植的穀類——玉蜀黍。　從此以後，這些自然環境的差異，使兩半球的居民走向兩條不同的道路，並使其分段的特徵也各不相同了。

二　中段：

東半球以馴養牲畜爲起點，西半球以耕種和灌漑可充食品的植物爲起點；同時採用曬磚（曝放太陽光下而得之磚）和石塊建築房屋。

我們應從西半球說起，因直至歐洲人征服美洲時，這個階段還在那裏沒有消滅。

當發現新大陸時，印第安士人還在半開化的低段中（全體住在密西西比河 Mississippi 的東岸），都在田園裏作小規模的耕種。玉蜀黍，又或南瓜，甜瓜及其他蔬菜，都有種植。他們最主要的食物，卽是這樣生產的。他們居住在木屋中，團聚成村落，防禦頗完備。當時，西北方（特別是科崙比亞河 Columbia River 流域）諸部落尚留滯在野蠻時代的高段中，他們不知製陶器，也不懂任何植物的種植法。但所謂新墨西哥 (New Mexico) 的普愛勃羅印第安人 (Pueblo Indians)，墨西哥人，中美土人和祕魯人 (Peruvians)，則已在半開化的中段了。他們都住在以曬磚或石塊所築的堡壘似的房屋中；他們又依照氣候和土性的不同，以人工灌溉法種植玉蜀黍和其他相當的植物於園中，作爲滋養品的主要的來源；此外，再馴養數種動物——墨西哥人養火鷄和其他家禽，祕魯人養駝羊。他們又善用金屬，但不知用鐵；因此，他們不得不仍用石做的武器和其他一切石器。自西班牙人征服這些土人後，一切獨立的發展就此終止了。

東半球半開化時代的中段以馴養給乳和給肉的牲畜爲起點，而植物的種植，則似乎在進到這階段很久以後，尙無所知。牲畜的馴養和蕃殖及其大羣的形成，顯然促成了亞利安 (Aryans) 和閃密脫 (Semites) 兩民族從其他半開化的民族中分化出來。動物的名稱，歐洲亞利安和亞洲亞利安的語言依然相同，而其所種的植物底名稱則幾乎完全不同了。

在適當區域中，家畜蕃衍成羣，遂促成了游牧的生涯；例如居於酋弗來茨 (Euphrates) 和惕格列斯 (Tigris) 兩河的碧草平原上之閃密脫民族和在印度平原與阿克索斯 (Oxus)，牙克沙爾茨 (Jaxartes)，塘河 (Don) 和特尼裒 (Dnieper) 諸河流域的平原上之亞利安民族。在這些牧場的四週，必須首先把野生的牲畜馴養起來。但是後世有一種錯誤的觀念，以爲游牧部落的發源地就是他們所想像的人類發生的搖籃；可是實際上，他們野蠻時代的祖先，甚至半開化低段的人民，必認這些地方爲不適宜於居住的。反之，半開化中段的人民，一旦過慣了游牧生涯，再沒有什麼能引誘他們脫離這草青水秀的平原而歸囘其祖先故里的森林中了。　縱在閃密和亞利安二民族被迫而更向西北兩方遷徙時，在他們沒有農業以在這較差的土地上養畜牲口特別能使之過冬以前，他們要居留在亞洲西部和歐洲是不可能的。　穀類的種植，大致最初爲飼養牲畜而起，等到後來才成爲人類自身養生的主要原素。

　　亞利安和閃密兩民族的發達，大概歸功於多量的肉與乳的給養，特別因這些食料對於兒童發育有很好的影響。　事實上，幾乎專以素食爲生而住在新墨西哥的普愛勃羅民族的腦子，比較仍在半開化低段而食較多量的肉與魚的印第安士人的腦子還要小些。　人食人的舉動，無論如何，在這階段已漸漸消滅，其殘跡祇留於宗教的典禮上，好像方士的丹砂罷了。

　　三　高段：

　　始於溶冶鐵苗，同時以文字的發明及其在紀載上的應用，進入文明時代。　這個階段祇在東半球獨立地發展過來。　其生產上的進步，比較前此各階段的總和還要多些。　屬於這個階段的，有希臘的英雄時期，羅馬誕生前的意大利部落，塔錫塔斯時期的日耳曼民族 (the Germans of Tacitus)，海盜時期的歐洲北方人 (The Norsemen，簡稱北方人。)

　　我們在這裏第一次捫到牲畜所拖的鐵犂頭了；這種工具使在曠野中大規模生產的農業得以進行，因此，當時食物的生產，得無限的增加。　第二步，便是掃除森林，開拓耕地和牧場——可是這步的手續，若無鐵斧和鐵鍬的幫助，斷不能作大規模的進行。　必然的，這些進步使人口得更迅速地增加，並使許多人能聚居於狹小的地面上。　在曠野的大耕種前，若要聯合五十萬人民於一個中央機關指揮之下，祇在例外的極好環境中才有可能；也許是絕對不可能的。

　　半開化高段的最大事業可見於荷馬 (Homer) 的詩中，特別在伊

利亞特 (Iliad) 一首詩中。 新式的鐵器；風箱；手磨；陶器製造盤；榨油與釀酒；頗近方技師所作的很進步的金屬鑄塑；四輪貨車和兵車；用木梁和木板造的船；精巧建築術的開始；圍以雉堞和樓塔完備的城牆之市鎮；荷馬詩中的紀載和一切神話——這些都是希臘人從半開化進至文明時遺留下來的產物。 若把這些事業和凱撒 (Cesar) 或塔錫塔斯所描寫的事實互相比較，我們就可覺得生產力所恃以發展的財富已濫觴於半開化時代的高段了。 塔錫塔斯時，日耳曼民族方開始進至半開化的高段，而希臘人則快要離此而進至更高的另一階段了。

以上所述，就是根據莫爾根所考究的人類從野蠻和半開化時代進化至文明初期的簡史；這裏所提的要點，就是在現在還可應用的。此外，這些提要是沒有爭論餘地的，因這些都是直接從生產上考究出來的東西。 但是，將來和我們最後研究所得的全景比較，以上所述，終必覺其輕微與貧弱。 在沒有達到這一步以前，我們終不能把半開化時代進化至文明時代的過渡情形和這兩時代的明顯差別之真相呈露出來。 現在，我們暫且把莫爾根所排列的程序摘錄如下：

野蠻時代——直接享用自然物品的時代；人的天才大都用於發明採取自然物品的工具。

半開化時代——獲得畜牧，耕種，和以人力增進自然界生產力的新方法等智識的時代。

文明時代——能更廣大地利用自然物品，發展工業和創造藝術的時代。

第 二 章

家 庭 (The Family)

莫爾根曾在紐約州的伊洛克民族 (Iroquois) 中過了大半世的生涯，並曾被其中一個部落——山內客 (Senecas) ——介紹入族，他就在這民族中看出親屬制度與其實際的家庭關係相矛盾。他們有一種配偶形式，男女兩方得任意破壞的，莫爾根稱牠為「性第亞斯縵」(Syndyasmian) 或稱對偶家庭 (Pairing family)。這種配偶所養的孩子，人人都知道並承認是誰的兒女。對於誰可應用父親，母親，兒子，女兒，兄弟，姊妹等稱呼，這是毫無疑義的。可是這些稱呼實際上的應用，與其根本的意義不相一致。伊洛克的男子，不僅稱自己的兒女為兒子和女兒，且對兄弟的兒女也作同樣的稱呼；而兄弟的兒女，亦稱他為父親。但是他對姊妹的孩子，則稱姪子和姪女，而他們亦稱他為伯叔。反之，伊洛克的婦人對自己孩子的稱呼與對姊妹孩子的稱呼同，且這些孩子都稱她為母親。但是兄弟的孩子，則被她稱為姪子和姪女，而這些孩子亦稱她為姑母。同樣，凡兄弟的孩子彼此都稱兄弟姊妹，姊妹的孩子也彼此這樣稱呼。但姊妹的孩子和兄弟的孩子彼此互稱為表兄弟和表姊妹 這些稱呼，決不是毫無意義的名詞，而是前代確實存在的血統上親疏等差的觀念之表徵。

這些觀念成為整個親屬制度的基礎，可使一人有數百種不同的親屬關係。更進一步說，這種制度不僅為全美洲的印第安土人完全採用——從來沒有找到一個例外——但牠也同樣而鮮有變更地應用於印度的土人，例如德干高原 (Dekan) 的德來微亭部落 (Dravidian tribes)，印度斯坦的居拉部落 (Gaura tribes)。

印度南部泰密爾民族（Tamils）和紐約州的山內客伊洛克（Seneca-Iroquois）民族間所用的親屬關係的名稱，直到現在還有二百種以上。在這些東印度的部落中，和美洲的印第安土人一樣，其家庭現存的實際關係，和其親屬制度是不相一致的。

怎樣總能夠解釋這現象呢？親屬關係對於一切野蠻和半開化民族的社會秩序上有重要的作用，故這種普遍通行的制度，斷非巧言所能掩蔽的。一種制度，旣普遍通行於美洲，而又在亞洲極不相同的種族中同樣地存在，又復常以大同小異的形式發現於非洲和澳洲各地；因此，一種制度必須要有歷史上的解釋而不能像麥克倫南（Mclennan）那樣敷衍了事。父親，孩子，兄弟，姊妹等稱呼決不是簡單的尊號，這些名詞含有確定的和很嚴重的義務，這些義務的總和，包涵有那些民族的社會制度的重要部分。而這種解釋，已經得到了。直至十九世紀上半期，在山特微取羣島中（Sandwich Islands，即指夏威夷島），尙有那些父母，兄弟姊妹，伯叔姑母，姪子姪女等稱呼，恰與古時「印美」的親屬制度相似。好不令人奇怪呀！夏威夷的親屬制度，也並不和實際上所通行的家庭形式相一致。該島中一切兄弟和姊妹的孩子，都毫無例外地互以兄弟姊妹相稱呼，他們不僅被人視爲其母親和她的姊妹或父親和他的兄弟的公共兒童，並且毫無分別地爲他們的父母的一切兄弟與姊妹的兒童。從美洲的家庭制度，可推測有如現在尙在於夏威夷存在的古舊的原始家庭形式；在另一方面，夏威夷的制度，更指示還有更原始家庭形式，後者的存在，不能再得事實上的證明，但她一定是存在過的，不然，則這種制度就無從發生。據莫爾根所說，家庭是很活潑的東西，牠不會靜止的，牠是從低等形式至高等形式步步進化過來的，恰和社會從低段進至高段的步驟相似。不過親屬制度是被動的。祗經長時期後，這個制度總能把家庭積年累月進步的總結果記錄下來，且祗有至這時候，制度才起根本的改變，而家庭本身則早已變更了。「並且這是和一般政治，法律，宗教和哲學的體系一樣。」——馬克斯補充說。當家庭正在發育滋長的時候，而親屬制度則已變成骨殼了。制度停滯在這種狀態之下，而家庭的發展，則軼出了牠的範圍以外。居徵爾(Cuvier)自在巴黎附近找到馬索披利亞(Marsupialia)人的骨頭後，就下肯定的斷語，說已消滅的馬索披利亞民族曾住在該處；我們也可從歷史遺下的親屬制度，以同樣的肯定態度，斷定和這制度相符合的已消滅的家庭形式，必曾有一天存在過。

剛才所說的親屬制度和家庭形式，與現制度不同的地方，即在每個兒童有好幾個父母。在與夏威夷制度相當的美洲制度之下，兄弟和姊妹不能做同一兒童的父母；可是夏威夷制度預先假定另有一種家庭形式，即兄弟和姊妹為同一兒童的父母，反為通例。我們在這裏捫到一套家庭的形式，都和現代唯一通行的形式直接相矛盾。一般庸俗的頭腦，僅知一夫一妻制，再則一夫多妻制，若更知道一妻多夫制，則已屬鳳毛麟角了。但是實際經驗却暗地裏毫無懊悔地超過了這些被社會所公認的範圍，這是沒有人說到，而且是假仁假義的庸俗漢不願說的。古史的研究，給我們知道了種種情形，男子在那裏實行多妻，女子也實行多夫，而兒童則歸公有，又自此以至最後的一夫一妻制，中間還有整套的變遷。這些變遷，把婚姻的範圍步步地縮小，自全體結婚縮至僅留今日所通行的單獨配偶制。

莫爾根和他大多數的同志，這樣地追溯家庭歷史，一直找到原始的狀態：每個部落中存在着絕對自由的性交，個個婦女都是個個男子的妻室，個個男子也是個個婦人的丈夫。

自十八世紀以來，論到這種原始狀態的，總算不少，但不過是老生常談罷了。祗有巴蛋風(Bachofen)很看重這個問題，並能從歷史的和宗教的傳說，追溯這種狀態的遺跡。這是他的一個大貢獻。可是我們現在知道他所得的遺跡並未達到絕對自由性交的時期，不過僅至較晚的羣婚形式罷了。倘若極原始的階段確曾存在，則牠當屬於太古時代。我們不能希望從這些社會的化石中一一落後的野蠻人中——找到牠過去存在的直接證據。 巴霍風的功績，就在提出這個問題，引人特別注意。 （作者原註：巴霍風很少懂得他所發現的——寧說所猜想的——事物，他用『公妻』hetaerism 這個名詞指稱原始的階段，即此可見一班。 『公妻』是希臘人對獨身的或僅有一妻的男子和未婚的女子實行性交的稱謂。 這個名詞指示先有確定的結婚形式之存在，須軼此範疇之外，才有這種性交的發生，這名詞並可有賣淫的涵義。 牠並無旁的意義。 我用這名詞時，即按照這個意義，和莫爾根一樣。 巴霍風很重要的發現，到處被他自己的誤解極端迷住；他的誤解，即在認歷史上夫婦的關係都發生於某一時期的宗教觀念，而不在於生活的經濟條件。）

晚近習俗所尚，即在否認這初期的人類兩性生活，以遮瞞這種『羞恥』！既找不到一切直接的證據，就很可憐地從其他動物的生活中找到例證。 從動物的生活中，臘兔耳懦 (Letourneau, 見原著: Evolution du marriage et de la famille, 1888) 引了許多的事實，辯明在動物中絕對自由性交是屬於低等階段的。 但從這些事實，我祇能下一斷語：牠們絕對沒有給人類及其生活的原始狀態有何證明。 脊椎動物的長期配偶，用生理的原因來解釋，就很夠了；例如鳥類雌性在哺卵時期的孤立無助。 鳥類忠於一夫一妻制的例子，不能作為人類的證據，因我們原來不是飛鳥的後裔。

但若嚴格的一夫一妻制就是道德之貢，則絛虫當奉為至尊，因牠身上少則五十節，多則一百節，每節具有完備的陰陽生殖器，且牠一生的光陰却消磨於每節的繁殖。 但若我們自限於哺乳動物，我們就找到各種的性交形式：或為放肆無度，或為羣婚的雛形，或為多妻的，又或為一夫一妻的。 牠們祇缺少多夫的形式，多夫是人類所獨有的。 即如我們的鄰親——四足獸——也表現牠們底兩性結合，是隨時隨地變動的。 若更把視線引到近些，祇要想一想那四個似人猿，臘兔耳懦僅能告訴我們：牠們有時一夫一妻，有時多妻的；可是騷秀爾 (Saussure) 却盲從及勞特都龍 (Giraud-Teulon)

說他們是一夫一妻的。 最近活斯透馬克(Westermarck,見原著：The History of Human Marriage, London, 1891)之爲似人猿的一夫一妻制辯護，更不能證明什麼。 簡單地說，我們所得到的爲誠實的臘免耳懦所承認的報告：「動物智慧發達的程度，和其性交的形式，二者毫無嚴格的關係。」 愛斯披那(Espinas,見原著：Des Societes Animales, 1877)也坦白地說：「獸羣是動物中所見的最高社會集團。 牠表面上好像是由幾個家庭合組而成的，但從其出發點來觀察，家庭與羣是互相矛盾的；牠們的發展，彼此恰成爲反比例。」

從以上看來，我們關於似人猿的家庭及其社會集團，顯然不知道什麼。 那些報告簡直互相矛盾。 這矛盾多麼厲害呀！關於人類野蠻部落的報告之探討與搜索又多麼必要呀！但考察猿猴的部落比較人類的部落更要困難得多。 故現在我們必須丟開從這些絕對靠不住的報告中所得的最後結論。

但是，引證愛斯披那的原文，尚能得到較好的材料。 在高等動物中，羣與家庭不是互相輔助，却是互相矛盾的。 愛斯披那描寫得很對，他指出雄性求偶時，怎樣互相的妒忌，以致羣的聯繫廢弛，或暫時解散。 「在家庭組織得很嚴密的地方，羣的形成祇是例外的。 但在自由性交或多妻的地方，差不多很自然地處處有羣體的表現。 ……若要形成羣的組織，家庭的束縛必須廢弛，個人必須自由。 因此，我們在鳥類中很難找到有組織的羣體。 ……但在哺乳動物中我們發現有一定組織的羣，這便因各個體沒有沉淪於家庭中的緣故。 ……故對於發展着的，合羣意識之敵人，沒有比家庭觀念更厲害了。 讓我們大胆地說罷：比家庭較高的社會形式之發展，祇在收容家庭起了根本的變化之後。 但這並不是否認：此後這些家庭，在無限順利的環境中，得有重新組織的可能。」

（見原著： Origines du mariage et de la famille, 1884, P. 518—20）

這樣看來就很明顯了，動物的社會對於斷定人類的生活狀況，未始沒有相當的價值——但僅可以引爲反證。照我們所確實知道的，高等脊椎動物僅有兩種家庭形式：多妻或對偶。在這種形式中，雄性都祇有一個，卽祇有一個丈夫。雄性間的妒忌，同時家庭的束縛和限制，造成了動物的家庭和羣的對立。羣是較高的社會形式；牠在有些地方在求偶時根本無成立的可能；在有些地方，則在求偶時組織廢弛，或甚至解體，且最好亦不免要受雄性間彼此嫉妒的摧殘，以致不能順利地發展。這種現象，本身足以證明：動物的家庭和原始人類的社會是不相符合的；當古代人類從動物階段向上奮進時，或者是完全沒有家庭存在，或者至多僅有一種非從動物中所能找到的家庭形式。身無武器自衞的原人，或許其最高的社會形式爲活斯透馬克答覆獵人的報告中之狒狒和猩猩的那種配偶的形式，雖在這種孤立的狀態中，能有少數存留下來。可是，爲要從動物階段進化過來，爲要實現自然界最高的進步，必須憑藉別的原素，——這就是以全羣的同工合力，代替無力自衞的個人。若說人從野獸進化過來的狀況，和今日似人猿的狀況一樣，那就令人百思不得其解了。這些猿類，寧可說是代表漸歸消滅的支派，而且到處表現其衰落的傾向。祇此足以推翻全部人和猿家庭形式統統相似的見解。成年的雄性，彼此容忍，不相妒忌，這便是組成這麼大而且久的羣體之第一條件；祇有在這些羣體中，從野獸進化至人類，纔有可能。實際上，確有歷史的形跡可尋而且現在處處發現的，我們所得的最古的和最原始的家庭形式究竟是什麼呢？這就是羣體婚姻；卽各羣全體的男子和各羣全體的女子彼此相屬，把妒忌的可能性減少至極點。且在較晚的階段中，我們更找到多夫的反常形式；這種形式，把嫉妒的心思減削得更小些，幷因此，這是爲一般動物所不知道的。

但是，一切我們所知道的羣婚形式，都牽涉到種種異常複雜的環境，從此可見，必有更簡單的性交形式存在過。推至最後，這就是絕對自由性交的時期，卽從動物進化到人類的過渡時期。 所以，參照動物的兩性結合，恰恰把我們引至動物與我們永遠分離的出發點。

「自由性交」這個名詞，究竟作何解釋呢？ 不過說現在性交的嚴格限制，從前是沒有的。 我們已看到嫉妒的障礙之來臨。很明顯的，這是在較晚的階段中纔發展起來的。 亂倫 (incest) 的觀念，亦非人類所固有。 不僅兄弟和姊妹，原來是夫婦，卽父母和子女的性交，也爲今日許多民族所許可的。 彭克洛夫 (Bancroft) 於白林海峽的卡維埃脫民族 (Kaviats), 阿拉斯加 (Alaska) 的卡弟圠克民族 (Kadiaks), 和英屬北美洲內地的汀內民族 (Tinnehs), 都證明以上所說無誤；臘免耳懦在他關於下列各民族的報告中，亦舉出同樣的事實：赤皮衛印第安民族 (Chippeway Indians), 智利的枯枯民族 (Coocoos), 卡列濱民族 (Carideans), 安南的卡倫 (Carens)。 至若古昔希臘人和羅馬人關於坡賽 (Parthians), 波斯 (Persians), 錫賽 (Scythians), 匈奴等民族的穢史，則更不必說了。 在亂倫的發明以前（這是一個發明，且確是實際上有價值的發明），父母和子女的性交，不能比其他各輩間的性交更禁忌；這種性交形式，今日倘在最閉塞的民族中，毫無顧忌地實行着。 有時雖年逾六十的「老嫗」，若她們精神很充足，可以同三十歲左右的少年，作兩性的結合。 若對於所知的原始家庭形式，不抱那些亂倫的觀念——彼時的觀念和我們現在的觀念完全不同，且常有直接相反的——我們就看淸一種性交的形式，這種形式，我們祗好稱爲絕對自由的。 所謂絕對自由，卽說後來習俗所造成的障礙物，此時尙未發生。 這個觀念不可和日常所發生的胡亂的性交混爲一說。 幾個配偶暫時離羣獨居的事實，也不見得沒有，且甚至爲現在大多數羣婚社會中常有之事。 假如最近這個原始階段的否認者——活斯透馬克——看到兩性直至養出小孩爲止的暫時結合，就指爲結婚，則等於說這種結婚能於自由性交時期存在，而與縱慾——卽無習俗所造成的性交限制——沒有矛盾的。 活斯透馬克所持的，就是下列的意見：『縱慾，包含有個人的愛情的壓迫。』 所以『賣淫是它的最純粹的狀態。』 在我看來，我們若戴着妓院裏的灰色眼鏡來觀察，那對於原始的狀況是永遠不能了解的。 將來述至羣體婚姻時，我們還要囘頭申說這一點。

根據莫爾根，古時從這個原始階段開始，有下列各種形式的發展：

（一） 血統家庭 The Consanguine Family

血統家庭是家庭發源的初步。 這裏結婚的團體都按照輩份排列：一家的祖父們和祖母們，都彼此互成夫婦；他們的兒女，卽父輩和母輩，也彼此發生同樣的關係；後者的兒女，又成爲彼此通婚的第三組。 再次一代，卽第一組的曾孫，又成爲第四組。 可知這種家庭形式中，僅長輩和晚輩被拒於所謂婚姻的權利和義務的範圍以外。 兄弟和姊妹——自第一等親，第二等親，以至極疏遠的平輩男女，都互稱兄弟姊妹，因此，大家又都是夫婦。 在這一階段中，兄弟和姊妹的關係，必然包括性交的關係。 （作者原註：馬克斯於一八八二年春， 曾以很嚴重的語氣糾正華格納（Wagner）在他的尼倍龍格史詩上對於原始時代的完全誤解：『誰聽見兄弟抱着姊妹，視若新娘？』 對這些調以一點真正時式的亂倫香料以加美醋味的，淫穢的華格納派底諸神，馬克斯囘答道：『在原始時代，姊妹就是妻室，且這是彼時的道德。』 一個法國朋友，爲華格納的崇拜者，不同意於這個附註，且說：卽在 Oegisdrecka——Wagner 所根據的更古的 Edda （按 Edda 卽紀載斯堪的納維亞半島古時的上帝和英雄事蹟的稗史，——譯者）——一段故事中，Loki 對 Freya 罵道：『在諸神面前，你曾擁抱過自己的兄弟。』他說，這就是證明：雖在那時期，兄弟和姊妹的結婚，也被禁止。 但 Oegisdrecka 是古昔的神話信仰已遭破產時的表徵； 這反正是譏笑諸神之「留星的滑稽諷語」(Lucian Satire)。倘 Loki 如 Mephisto 一樣，以這種態度罵 Freya，則寧可說正是反對華格納的一點。 在另有幾首詩中，Loki 又對 Niordhr 說道：「你和自己的姊妹養了（這樣的）一個兒子。」 (vidh systur thinni gatzu slikan mog) Niordhr 不是屬於 Asa 族，而是屬於 Vana 族，且在 Ynglinga Saga 中說着：一切 Asa 族所不許的兄弟和姊妹的結婚，却行於 Vanalana(即 Vana 族所居的地方——譯者)。 這也許足以表現 Vana 族的諸神比較 Asa 族的要更古罷。 無論如何，Niordhr 與 Asa 族所遭遇的生活條件是一樣的。 所以 Oegisdrecka 一段故事，反而證明了：當挪威的神話創始時期，兄弟和姊妹的結婚並不禁忌，至少行於那些神道中。 為要替華格納辯護，引證哥德(Goethe)的詩句，當比引證 Edda 好些。 但哥德也在歌頌諸神和 bajadere 的山歌中，關於宗教上婦女的獻身也犯同樣錯誤，並太近似於近代的賣淫了。）

　　這種家庭的模範形式，好比一對夫婦的後裔，世世相傳，同輩的人都是兄弟姊妹，因此互成夫婦。 血統家庭，現已絕跡了。雖歷史上極野蠻的民族，不能對此有何證明。 但夏威夷的親屬制度，直至今日尚通引行大洋洲的全部，使我們不得不承認這種家庭形式必存在於昔日，因這種制度顯示着此類親屬等級的存在，而這些等級祇有在這種家庭形式中纔能發生。 且一切以後家庭的發展使我們不得不承認這種形式為必經的階段。

　　（二）　普那魯安家庭 The Punaluan Family

　　家庭組織的初步，即在禁止父母和子女的性交，而其第二步，則於兄弟和姊妹間又豎起一堵牆壁。 這一步的進化更為重要，因為所結合的兩性在年齡上是比較相等的。 但因此這一步也比較困難。 這種組織逐步形成，大概始於禁絕男子和同胞的姊妹（即按母系所稱的姊妹）實行性交，最初這祇是例外，到後來才漸成通例

（當十九世紀時，夏威夷還有例外），以至最後禁及一切同血統的兄弟和姊妹間的結婚爲止，即禁及我們現在所稱兄弟和姊妹的孩子，孫子和曾孫之間的性交。 正如莫爾根所說，這個階段很巧妙地顯示天然選擇的原則如何進行着。 毫無問題的，凡這樣禁止血族通婚的部落，比較那些仍在法律與習慣上允許兄弟和姊妹可以結婚的部落，能發展得迅速些，並能完全些。 這一步進化有多麼大的影響，則由直接受牠的影響而得到超越進步的氏族制度表現出來的。氏族(gens)是大多數（倘非全體）的半開化民族底社會基礎，希臘與羅馬卽從此直接進化到文明時代的。

每個原始家庭，經過數代的發展後，必須分裂。 直至半開化的中段而仍存在的原始共產主義的集體的家庭，其最高限度的範圍隨環境而不同， 但也有其一定的限度。 等到同胞的兄弟姊妹不可性交的觀念一經發生，舊的宅業公社(household community，這不一定就是家庭團體)自然而然地起了分裂而產生新的形式。 一系或數系的姊妹們，成爲每一集團的中心，而她們同胞的兄弟，則屬於另一集團。 莫爾根所稱的普那魯安家庭，就是這種（或其類似的）情形，就是從血統家庭中發展出來的。 按夏威夷的風俗，一羣的姊妹，不管是同胞的或是較疏遠的（卽第一等親，第二等親以至更疏遠的平輩親戚），都是牠們公共丈夫的公共妻室，而她們自己的兄弟則不能稱爲丈夫。 這些男子，彼此不再以『兄弟』相稱——他們再沒有兄弟的關係了——却稱『普那魯』，意卽親密的伴侶，因他們的關係就是這樣。 同樣，一羣同胞或疏遠的兄弟，伴同一羣婦女過公妻的生活，他們自己的姊妹則不能爲妻，而這些婦女亦互以『普那魯』相稱。 這是此種家庭的標本形式，後來稍稍有所變更。 牠根本的特點，卽在一個大家庭內實行的公夫和公妻，但不能公及同胞的兄弟或姊妹；且後來較疏遠的兄弟姊妹，亦被一律禁止。

這種家庭形式，現足以很正確地指出美洲制所表現的各種親屬關係的等級。 我母親的姊妹的孩子，也就是她自己的孩子；同樣，我父親的兄弟的孩子，也就是他自己的孩子；這些孩子，一律是我的兄弟姊妹。 但我母親的兄弟的孩子，是她的姪子姪女；我父親的姊妹的孩子，也是他的姪子和姪女；這些孩子，一律是我的表兄弟和表姊妹。 我母親的姊妹的丈夫，旣同是她自己的丈夫，同樣地，我父親的兄弟的妻室，旣同是他自己的妻室——若非事實上統通如此，至少法律上是這樣的——社會上對於兄弟和姊妹性交的禁止，把從前毫無分別的兄弟姊妹們分成兩個範疇。 在第一個範疇中，有那些仍稱兄弟姊妹的人們（較疏遠的）；在第二個範疇中，一方面有兄弟的兒女，而另一方面則有姊妹的兒女，他們不能再以兄弟姊妹相稱呼了。 他們不能再有共同的雙親；他們旣不共父，又不共母，更不共父母。 因此，姪子和姪女，表兄弟和表姊妹，這一類的等級，在這裏必須開始出現。 在從前的家庭制度之下，這是說不通的。 表現與任何一夫一妻的家庭形式極端矛盾的美洲親屬制度，就可以普那魯安家庭替牠作一合理的解釋，且能很自然地並極詳盡地斷定牠。 無論在什麼地方，若有這種親屬制度存在，則普那魯安家庭，或其類似的形式，必有一旦存在過的。

這種家庭形式存在於夏威夷，已得事實上的證明。 若那些好像在美洲的西班牙僧侶那樣的虔敬的教士們，能張開眼睛來覷看這種違反基督教的親屬關係，而不祇以「可怕」兩字了之，這種家庭形式大概存在於全部大洋洲的事實也可以得到證明吧。 （這是毫無疑義的，從「自由性交」的遺迹可追溯至羣體婚姻。 所謂「自由性交」，巴霍風自誇發現了牠，並稱其人為「亂倫種族」。 倘若巴霍風認那些普那魯安的婚姻為「無法無天」的，那末，現在從父系或從母系的表兄弟與表姊妹的結婚，這種血親的可以成婚的事情，也不免要被彼時的人看作亂倫的勾當吧。 （馬克斯）凱撒的報告曾說到當時尙在半開化時代中的勃列登民族(Britons)「有十至十二個婦女被人公妻，大半兄弟與兄弟共，父輩亦與子輩共」；

這個事實,可從羣體婚姻得到絕好的解釋。 半開化民族的母親,不能有十至十二個兒子都一齊長成至可以公妻,但同普那魯安家庭相類的美洲的親屬制度,可有很多的兄弟,因一人的表兄弟,無論親疏,都一律是他的兄弟。 該報告所說,『父輩與子輩共』,大概是凱撒的錯誤。 但這種制度並不絕對禁止父與子或母與女的共妻與共夫;惟有父與女或母與子的同居,則確被禁止。 這種婚姻的形式或其他類似的形式,很易解釋里羅陀達斯(Herodotus)和其他古代著作家關於野蠻和半開化民族中婦女公有的紀載。 再如華脫遜(Watson)和凱易(Kaye)關於住在奧特(Audh,在恆河北岸)的惕溝民族(Tikurs)之稗史中說:『他們混雜在很大的公社中同号(兩性的),雙雙成婚,徒存虛名而已。』 (見二氏所著的 The people of India)。

氏族制度,似乎大半萌芽於普那魯安家庭中。 可是,澳洲的等級制度,也是氏族制度的初步;但澳洲人雖有氏族,却無普那魯安家庭,而祇有其未成熟的羣體婚姻。

在一切羣婚的家庭形式中,誰是一個孩子的父親,是不能知道的,誰是他的母親,則很知道。 雖然一個母親對於全家的孩子都稱爲自己的孩子,並對他們應盡其母親的義務,但她自己總知道誰是她親生的孩子。 這是很明顯的,羣婚制度存在時,其後裔祇能從母親方面可以追溯上去;因此,祇有母系爲人人所公認。 事實上,一切野蠻和半開化低段的民族,都是這樣的。 巴霍風的第二偉大功績,就是首先發現了這個事實。 他對於這種對從母系認識後代和從此產生的遺傳制度,總而名之曰『母權』。 這個名詞雖不真確,但爲便利起見,我仍用牠。 牠所以不真確,即因在這個社會階段中,帶有法律意義的權尚未存在。

倘若我們現在拿普那魯安家庭的兩個基本集團之一來講——卽一系同胞的及疏遠的姊妹(同胞姊妹們的第一代第二代以至更疏遠的後裔),她們的兒女,以及她們從母系的同胞和疏遠的兄弟(依照我們的假定，他們不是她們的丈夫）——我們便得到一個完備的團體，其中各分子，後來即成為氏族制原始形式的分子。他們却有一個共同的祖先，子孫蕃殖後，每代的女子，都成姊妹。但是這班姊妹們的丈夫，不能再從自己的兄弟中選擇出來，不能再是同一祖先的後裔，故不是屬於同血統的親屬：此即後來的氏族。但是這班姊妹們的兒女，都是屬於這個團體的，因祇有母系傳統總是正確的，祇有這是名正言順的。等到從母方的一切親屬——甚至極疏遠的親屬——他們間的性交，事實上完全禁止時，上述的團體，就變成氏族，即組成母系血族的固定範疇，族中不准彼此結婚。此後，這個範疇，更以其他共同的社會或宗教性質的制度，築起自己的堅壁，因此和同部落中其他各氏族也發生了區別。關於這一點，以後還要更詳細地說到。

如像我們這樣發覺了氏族之從普那魯安家庭中發育出來，不僅是必要的，且是必然的，則似乎顯可臆斷說（且事實上差不多已經指出）：這種家庭形式，存在於一切有氏族痕跡可尋的民族中，即幾乎全部半開化和文明的民族中。

當莫爾根著作他的書時，我們對於羣婚的智識是很有限的。又當我們對於組成等級的澳洲人的羣體婚姻，所知極其幾微時，而莫爾根已早在一八七一年把他關於夏威夷的普那魯安家庭所得的消息刊佈於世了。這種家庭，一方面給莫爾根一切研究的出發點之美洲印第安土人所通行的親屬制度以一個完滿的解釋。在另一方面，牠又成為演進到母權氏族的現存的工具。最後，牠是代表超過澳洲的等級制度很遠的一個較高的進化階段。

所以很可見得，莫爾根怎樣能夠認這種家庭形式必在對偶家庭(Pairing Family)前，並怎樣能認牠在古昔時曾有普遍的通行。從那時到現在，我們又曉得了好幾個別的羣婚形式，同時我們知道莫爾根關於這一點跑得太遠了。幸而他在其普那魯安家庭中所遇到的是最高的，標本的羣婚形式，這種形式就是進到一個較高階段之最簡便的渡橋。

至若關於羣婚智識最重要的貢獻，我們却要歸功於英國的傳教士費遜(Lorimer Fison)，他對於這種家庭形式的研究，在其標本的舊址——澳洲——進行到數年之久。 他於澳洲南部甘姆皮山(Mount Gambier)附近的坡普安民族中(Papuans)得其最低等的形式。 他們的全部落分爲兩大等級，一名克旁基(Kroki)，一名枯麻脫(Kumite)。 在這兩等級中，每等級內的性交都嚴格禁止。 但在第一等級中，個個男子天生是第二等級個個女子的丈夫，反過來說也是如此。 結婚，不是個人與個人，却是整個的團體，卽是等級與等級。 自從分爲兩個通婚的等級後，彼此各看定分，雖年齡參差或有特別的血統關係都毫不相干。 個個枯麻脫的女子，都做每個克旁基男子的妻室。 他的女兒，是一個枯麻脫婦女的女兒，按照母權也是一個枯麻脫，因此她天生是個個克旁基男子的妻室，她的父親亦在其中。 至少據我們所知道的，等級的組織，並不避免這種可能性。 所以，或許當這種組織發生時，父母與子女的性交，雖有制止的傾向，而尙未特別禁忌；照這種說法，等級制度不免是從自由性交的環境中直接產生出來的。 或許當等級形成時，父母和子女的性交已爲習俗所不許；照這種說法，則這種景象，緊接着血統家庭並爲脫離血統家庭的初步。 後一說較爲可靠。 據我所知道的，沒有人說到澳洲有父母和子女性交的事實。 卽如晚近族外婚(Exogamy)的形式——母權的氏族——處處暗示着這種性交的禁止，在其制度的形成時，早已成爲事實了。

這類兩個等級的制度，不僅見於澳洲南部的甘姆皮山附近，且沿大林河(Darling River)的極東和昆斯蘭(Queensland)的東北，均有同樣的事實。 可見這種制度通行得很廣。 這制度僅僅禁止母方的兄弟和姊妹，兄弟的兒女間和姊妹的兒女間的結婚，因他們都屬於同一等級的；但兄弟的兒女和姊妹的兒女，可以彼此結婚。 再一步的禁止血屬通婚，則見於新威爾斯南部(New South Wales)的大林河上之喀密拉羅民族(Kamilaroi)之中；該處原有的兩個等級，分裂爲四，個個等級的全體，都和其他某一等級結婚。 前兩等級，天生互成夫婦。 母親屬於第一或第二等級，孩子卽依此決定屬於第三或第四等級。 這兩個孩子的等級，亦互相結婚，所生的孩子，則屬於第一或第二等級。 這樣看來，若某一代是屬於第一和第二等級，次一代則屬於第三和第四的，再次又屬於第一和第二的。 所以，同胞的兄弟和姊妹的孩子（從母方）不能夠互相結婚，但他們的孫子則無不可了。 這種異常複雜的規矩，等至母權的氏族時，更以異族接種的方法——顯然在較晚的時期——令人頭昏目眩。 但是我們不能在此討論下去。 夠了，禁止血屬通婚的企圖，一而再，再而三，使我們不得不承認牠，但總覺牠是自然的趨勢，並無何等明顯的目標。

羣體婚姻，在奧洲所表現的是等級婚姻，卽以一個等級全體的男子，常常散佈於大陸全部的，和一個同樣廣大的婦女等級互結羣體婚姻。 對於這種羣婚的精密觀察，決沒有什麼可驚，如那些習慣了妓院生活的庸夫腦中所想像的幻景一般。 恰恰相反，不知經過幾多年代，人們並不對此發生絲毫懷疑，而到了晚近，却被人們一再地否認了。 牠在偶然的觀察者腦中所留的印象，不免是鬆懈的一夫一妻制和常常缺乏貞操的某種多妻制。 必須幾經歲月，如費遜和霍未脫 (Howitt) 那樣地進行，然後會發見爲平常的歐洲人所不能相信的規定這些結婚狀態的定律。 這定律能使一個離鄉數千里的漫遊者，於言語不相通的人羣中，經過個個堡壘，個個部落，到處找得到毫不拒絕並能誠意歸附於他的女子；又能令一個身邊有好幾個婦女的男子送一個給客人過夜。 在歐洲人認爲不道德和破壞法律的地方，實際上却是嚴守規律之處。 婦女們，若是屬於這漫遊者通婚的等級，則她們天生是他的妻室。 這個道德上的定律，必須彼此奉行，同時，又禁止一切軼出這兩個通婚等級範圍以外的性交，違者處以嚴重的刑罰。 有些地方，婦女常常被人拐騙，但卽當這種事實發生時，等級的規律仍被尊重。

在拐騙婦女的行動上，且能找到進至一夫一妻（至少是對偶家庭的形式）的過渡痕跡。倘若一個少年男子，得其朋友的幫助，拐到一個婦女，他們就輪流和這女子交媾。但是這樣做了以後，這女子就被認為那個主動的少年底妻子。再若一個被拐的女子逃走出來，又落到他人的手裏，則她又變成最後一個男子的妻室，而她的前夫即喪失了他的特權。在普遍通行的羣婚制度中，同時形成這種獨佔的關係，短期或長期的配偶與多妻並行，以致羣婚制度從此亦漸歸消滅。問題祇是在歐洲人勢力壓迫之下，那一種是先消滅的：還是羣婚呢（即指普那魯安家庭——譯者），抑是坡普安的等級制度？

通行於奧洲全部等級的婚姻制度，毫無疑義地是羣婚之原始的和極低等的形式；而普那魯安家庭，據我們所知的，是其發展至最高段的形式。前者似乎是適應於漫遊的野蠻的社會階段，後者必須有生活比較固定的共產團體，並直接引上高一級的進化階段。在這兩者間，我們必定還可找到許多過渡的階段。這裏就留着一個有孔莫入的考證場所。

（三） 對偶家庭 The Pairing Family

在羣婚制度或甚至更早的時期當中，已有長期或短期的對偶出現。一個男子，在許多婦女中有一個主要的妻室（尚不能說是溺愛的妻）；同時，他對於她亦是她的男子中之主要的丈夫。這事實，同樣地迷亂了一般教徒的頭腦，他們有時把羣婚看作混亂的公妻行為，有時又看作變態的賣淫。當氏族愈發展，「兄弟們」和「姊妹們」不能通婚的等級愈增多時，這種習俗相承的對偶，就得到了它的根據。禁止血屬通婚的動機，發源於氏族，後就繼續地往前進展。如我們在伊洛克及大多數滯在半開化低段的印第安土人中，找到他們親屬統系中的一切親戚，都被禁止通婚的例，這樣被禁止的親屬又多至數百種。這樣一來，婚姻的限制，更加複雜了。　羣體婚姻漸成不可能。　結果，對偶家庭代之而起了。　在這階段中，一個男子和一個女子同居，而多妻和不時的私通，僅留爲男子的特權，但以經濟上的原因，多妻是不常有的。　然而，在女子方面，普通在與丈夫同居的時期中，要有十分誠意，如私通的事情發生，那對女子的懲罰就很苛刻。　不過婚姻的束縛，無論那一方面，都可任意解除；所生的孩子，則仍歸其母，與前無異。

在這種日有進步的血屬通婚的制止之下，天然的選擇仍舊發生作用。　莫爾根所說：『不同血統的氏族間的結婚，於生理上和心理上都能產生更健全的種族；兩個進步的種族結了婚，新的腦殼和腦質必然要發達到完全吸收兩方的能力爲止』。　所以，各民族的部落祗有兩條路可走，若不能超越落後的部落而上進，必致步他們的後塵，照樣沉淪下去。

這樣看來，家庭發展的根基就築在其範圍的繼續縮小之上。最初的範圍，包括整個部落，其內部的兩性交合是很普通的。　後來相繼限制，始及至親，次及較疏遠的親屬，終而至於法律上的親屬亦在禁止之列。　因此：一切羣體婚姻，事實上成爲不可能了。結果，祗剩下一個暫時的和鬆懈的對偶。　這便是最後的分子，若牠再起分離，則根本就沒有結婚了。　卽從這一點看來，我們可以推斷，近代所稱的個人戀愛，對於一夫一妻制的起源，是很少作用的。　一切民族在那階段中的日常生活，更能證明這句話的正確。在前一階段的家庭形式中，男子永不會爲女人着急，因爲他身邊的女子實在太多了；可是現在，女子已覺稀罕起來，所以必須眼巴巴地去找她了。　所以，當對偶家庭發生時，女子的拐騙和買賣卽隨之而起——這是普徧的現像，且沒有別的，祗是一個新的和更深刻的變化罷了。　蘇格蘭的眩學家麥克倫蘭，却要把這些本來祗是找得女子之方法的現象，變作特別的家庭種類，而加他兩個銜頭：『俘攜式的結婚』和『買賣式的結婚』。　再則，如在美洲，印第安及其他同階段的民族中，訂婚並不是兩造本身的事情，却是他們母親的事情。往往兩方從無一面之緣，就這樣替他們訂起婚的，等到交易成功了，他們自己還不知道，直至婚期將到時，他們纔得知悉。在男女結合之前，新郎攜禮物到新娘母方的親戚家裏（不是到她的父親或父親的親戚處），作爲奉承出讓女兒的酬謝。結了婚後，兩方還可任意脫離關係。但在許多部落中——如伊洛克——一般人的意見，漸漸厭惡這種自由的離婚。有些地方，彼此家風不同；在這種情形之下，兩造的族人必竭力想法，使他們能和合起來，萬一不可能，則祇好離婚。於是，孩子屬於母親，兩方均得自由重婚。

對偶家庭本身太薄弱，太不穩固，不能使獨立成家的事成爲必需的，甚至合乎願望的；故歷代傳下家產公有的制度，還不能消滅的。但是家產公有制度，必含有家中女子霸權的意義，這好比母親的絕對認識和父親之不能辨別，顯示女子——母親——地位的尊崇，一樣可靠。有些人說，在社會的原始狀態中，女子是男子的奴隸：這是十八世紀的開明時期所產生的最錯誤觀念中之一。在一切野蠻的和半開化之低段與中段的，有時甚至是半開化之高段的民族中，女子不僅有自由權，且被人十分尊崇的。即在對偶家庭時期，女子的地位究竟怎樣，請讓在山內客，伊洛克傳道多年的教士賴德（Arthur Wright）來作證罷：『講到他們的家庭，當他們仍住在舊式的長屋（幾個家庭共產的住宅）時，……每每有一統治的『克蘭』（Clan，即氏族），其婦女得由他克蘭中選出丈夫。……通常女子統治全宅；家產悉歸公有。但如若一個不幸的丈夫或愛人，太瀨惰或太笨拙，以致不能盡其自己應盡的義務，則他就要受苦了。不管他有多少兒女或是多少私產，轉瞬間即有請他收集自己的物件，馬上滾出去的危險。對於這種壓迫，他是不敢絲毫抵抗的。這種住宅使他覺到如火如荼，使他沒有別的方法，祇好囘到他自己的克蘭，不然，則跑到別的克蘭去再找妻子，如像通常發生的那樣。女子不僅在克蘭中有統治權，且到處都是這樣。她們往往還要不客氣的毅然撤換酋長，幷把他降爲普通的戰士。」

在共產主義的住宅中，大多數或全體的女子，都是屬於同一氏族，而其丈夫則來自各處不同的民族中：這是原始時代一般通行的女子獨霸的原因及其基礎。　關於這一點的發明，可說是巴霍風的第三功績。

我還要補充幾句，傳敎士或旅行家常有關於野蠻和半開化的女子負担過重的報告，這與以上所述應無絲毫矛盾的。　兩性間的分工，除了社會的條件外，還有其他種種原因。　凡是女子作工超過我們認爲應有工作以上的民族，每每對於女子的尊敬比歐洲人高出幾倍。　文明國家的太太，束縛於虛僞的節操中，且不能做任何眞正的工作，她所站的社會地位，實際上遠不及做苦工的半開化婦人，那爲社會上認爲眞正的和受之無愧的女主人。

至於對偶家庭現在是否已在美洲完全代替了羣體婚姻，我們祇能對於美洲西北部，特別是仍滯在野蠻高段的南部民族，作更精密的觀察後，才可決定。　關於南部的民族中，有許多報告說，性的自由還很通行，所以很難保證說，古昔的羣婚制度已經完全終止。這是明顯的，一切羣婚的遺跡，還沒有消滅。　至少在四十個北美的部落中，一個男子娶了一個大姊姊，等到她的妹妹長大時，他就有權把一切妹妹都認爲他的妻子，這是全套姊妹公夫的遺跡。　彭克洛夫(Bancroft)也說，加利福尼亞半島(Californian peninsula)的印第安土人，聚集某種宴會時，聯合幾個『部落』，以進行自由性交。　這裏所說的部落，顯然是在這些宴會中，渺茫地還回想到舊日一民族的婦女把其他各民族的全體男子都當作丈夫和這些男子也把她們當作妻子的往事。　同樣的事實，現在還可在奧洲看到。
在有些民族之中，年長的男子，酋長和道士，把公妻作爲自己的特權，獨享一切婦女。　但他們照理應在某種宴會和大會聚時恢復古法，允許他們的妻室和一班少年過甜密的生活。　全套的例子，說明這種定期的縱慾以短期恢復古時性的自由的，活斯透馬克已有引證（見他的 The History of Human Marriage，第二八至二九頁）：例如關於印度的霍斯（Hos），山大爾（Santals），彭牙（Punjas）和柯太爾（Kotars）諸民族，和幾個非洲的民族，等等。 可是活斯逐馬克的結論太奇怪了，他不說這是他所否認的羣婚復活，反說是原始人類和其他動物相同的求牝時期的復活。

在這裏我們又要說至巴霍風的第四大發現了：從羣婚進化到對偶家庭的普遍的過渡形式。 巴霍風所指爲觸犯古代神法的懺悔——婦女取得貞操權的贖罪——實際上不過是一種神祕的說法，指示女子得從古時男子共有的社會中解放而獲僅嫁於一男子的特權之贖罪罷了。 這種贖罪是定期的獻身：巴比崙的（Babylonian）婦女在密列妥（Mylitta）神廟中，每年獻身一次；亞洲西部其他各民族，在允許青女子結婚前，必先送她們至安內的斯（Anaitis）神廟中住好幾年，任她們在該處和自己選擇的情人實行自由戀愛。 同類的風俗，套上宗教的假面具，幾乎為地中海和恆河間的一切亞洲民族所共有。 這種贖罪的處罰，一天輕似一天，正如巴霍風所說：『每年的獻身，漸以一次的犧牲代替；已婚婦女的公妻，代以處女的公妻；結婚時的自由性交，改作合巹前的自由性交；和一切賓客的混亂性交，改作和某幾個人的性交』。（見 Mutterrecht，第XIX頁）在有些民族中，並無宗教的假面具。 在其他民族中——古典時期的脫雷斯（Thracians）色勒特（Celts）等民族；印度的許多原始民族；馬來半島的各民族；南海的島上居民（South Sea islanders），和現在仍存留的美洲，印第安的土人——在結婚前，女子絕對享受性的自由。這種事情，特別見於南美洲，幾乎到處都是。 誰若稍稍深入其境，卽能證明這句話的眞確。 譬如愛加昔士（Agassiz，見他所着的巴西旅行記 A Journey in Brazil，第二六六頁）曾說到一個印第安富家的軼事：當他被介紹到那個少女時，他就問幾句關於她父親的事情；心中想着，她的父親是那個正在和巴拉圭（Paraguay）打仗的她的母親的丈夫。 但是她的母親就微笑地答道：„Nao tem pai, he filha da tortuna."——即說，她並無父親，她是造化之女。 「這是此處純粹印第安種或雜種的婦女說到她們的私生子時常有的語式。 雖她們說話時，並無苦惱或受譴的腔調，因她們顯然不懂得什麼不軌或可恥，好比說一句父親不見了或死了一樣，可是這句話却有很沉痛的表徵；這句話彷彿是說到了彼此永訣的樣子。 這不是異常的事情，在普通居民中與此相反的却是例外。 孩子往往完全不懂什麼是雙親。 他們僅知道誰是母親，因一切撫養提携的責任都落在她的肩上；但他們不知道誰是父親，一個婦女也似乎不會感覺到自己或孩子有找那個父親的必要」。 在文明君子的眼中視爲奇怪的事情，在母權和羣婚時代，不過是日常的規律罷了。

再，在其他民族中，新郎的朋友和親戚，或一般慶祝婚禮的男賓，得向新娘要求其傳統的權利，而最後一次，才輪至新郎。 這種風俗，古時在卑里爾民族 (Baleares) 和非洲的奧及拉民族 (Augilers) 中，十分通行；即在今日，在亞皮昔巳亞 (Abyssinia) 的巴里亞民族 (Bareas) 中還保存着。 在還有別的情形中，一個長官——部落或民族的會長，蓋齊克 (cazique; 按印第安有幾個部落，稱酋長爲蓋齊克——譯者)，沙門 (shamane; 按芬蘭及亞洲北部各民族的少門教 (Shamanism 亦稱黃教) 之最有威權的巫士稱爲少門——譯者)，方丈，親王，等等，，無論他的銜頭是什麼——得代表全公社以行使其第一夜的特權。 不管近代的傳說洗刷得多麼漂亮，這種「頭夜權」 (Jus primae noctis)，在大半阿拉斯加半島的土人中 (見彭克洛夫的土著種族 Native Races 第一卷，第八十一頁)，在墨西哥北部的太胡氏民族中 Tahus, (見 Ibidem 第五八四頁)，和在其他各民族中， 都仍很通行。 在整個的中世紀時期， 這種風俗，至少行於原有的色勒特民族的國家中 (Celtic countries; 按色勒特原文 Celts 或 Kelts, 即歐洲中部和西部的古代民族——譯者)； 這些地方的居民， 都是直接從羣婚進化過來的， 例如亞拉貢尼亞 (Aragonia) 的居民。 喀斯底利亞 (Castilia) 的農民，向未降爲農奴，但在亞拉貢尼亞，則有最卑賤的農奴制度存在，直至一四八六，才被費迪南（Ferdinand the Cathotic）議決廢除。在這件公文中，有如下的一段：『我們議決幷宣言』以上所說的「貴人」（senyors，卽男爵）……不應再於第一夜和農民的妻睡覺；也不應於結婚後的次夜，當女子已睡在床上時，大步上前，呼喊一聲「女子」或「床子」，以作他們行使特權的暗號。又以上所說的貴人，也不應再強迫使用任何農民的兒女，不管付錢與否』。（引自 Sugenheim 農奴制度 Serfdom，一八六一年彼得堡版本第三五頁）

巴霍風如下的意見也是完全對的，他說：從他所稱的『公妻制度』或『亂交時代』過渡到一夫一妻制，主要的力量，端賴女子。在經濟發展的過程中，舊的共產制度歸於消滅，人口的密度，日益增加，傳統的兩性關係，愈失其適合於原始的森林生活之天眞的性質，使女子愈覺得這種關係的低賤與壓迫；且因此她們愈渴望藉貞操權——暫時或永久嫁給一個男子的特權——以解放自己了。這個進化的過程，不能歸功於男子，因爲男子永遠不會有絲毫傾向，甘心放棄其實行羣婚的快樂，卽在今日，亦何嘗不是這樣。在女子沒有完成達到對偶家庭的過渡以前，男子那裏能夠祇是爲了女子採用嚴格的一夫一妻制呢。

對偶家庭發生於野蠻和半開化兩時代的交替時期，普通在野蠻的高段，有些地方則在半開化的低段。這是半開化時代家庭形式的特點，好比野蠻時代的羣體婚姻和文明時代的一夫一妻制。要使牠能發展到穩固的一夫一妻制，則除前此所有幾個動因外，必須有新的原因。在對偶家庭中，兩性結合的團體已縮小到最後的單位，卽牠的二元分子，一個男子和一個女子了。天然選擇，由不斷地增加性交的限制，完成了它的目的，在這方面看來，已別無所求了。除非再發生新的社會力量，沒有理由可使新的家庭形式得又從對偶家庭中發展出來。但是這些新的力量，却曾活動了起來。

現在我們要離開美洲了——離開對偶家庭的古蹟。 沒有什麽徵象容許我們斷定說：在這裏曾有更高的家庭形式發達過；在被發現和征服前，新大陸的任何部份，曾有過穩固的一夫一妻的形式存在。 舊大陸則不然。

在舊大陸上，動物馴養，蕃殖成羣，已得到空前的財富來源，幷造成了完全新鮮的社會條件。 直至半開化的低段，代表不動產的，祇有房屋，衣服，飾裝品，和攫取與烹調食物的工具：例如船隻，武器和各種很簡單的日用器具。 他們必須天天出外獵取新鮮的食物。 但是現在既有成羣的馬，駱駝，驢子，牛，羊，山羊和猪等畜類的此等先進的遊牧民族——住在印度之彭牙勃 (Punjab)，在恆河流域和當時雨量比現在更多的奧赫司 (Oxus) 與耶克少茨 (Jaxaztes) 草原上的亞利安民族；猷弗來茨和惕格列斯兩河上的閃密脫民族——祇須用極簡單的牧畜方法，卽可使牲畜自己繼續地蕃殖起來，幷使乳和肉的供給，能取之不竭，用之無窮。 從前獲取食品的方法，至此已成陳跡；打獵本爲昔日必須的工作，現在則變成一種遊戲了。

誰是這種新財產的主人？ 毫無疑義的，這原來是民族。但是牲畜私有制度，必早就發生。 我們很難斷定：在所謂創世紀的著作者底心目中，阿勃拉罕元祖 (Father Abraham) 所以能爲牲畜的主人，究竟因他握有共產家庭之首領的特權呢，還是因他以民族會長的資格而繼承來的產業呢。 但是這是無疑的：我們斷不可把他看作成近代的私有財產者。 這也是無疑的：我們於歷史的發軔時期，處處看到牲畜爲各家庭的首領分開保管，恰如各半開化人處理他們的工藝生產品，例如金屬器具，奢侈品，和最後，人畜（奴隸）一樣。

現在奴隸制度也發明了。 一個奴隸對於半開化低段的民族是毫無用處的。 所以，美洲的印第安土人處置他們所征服的敵人，和比他們進化至高一段的民族所採取的方法很不相同。 被征服的男子，若不是招受慘酷的虐待，則被納至戰勝者的部落中，認爲兄弟。婦女則納爲妻室，牠們所遺留的兒女，也同樣地收納。在這個階段中，人的勞動力尙不能生產超過其生活費以上的生產品。但是，畜牧，金屬工業，紡織，和最後如農業的採用，引起了變動。正如昔日隨處可得的妻現在則有交換價値而要出錢購買一樣，現在的勞動力也發生同樣的變化了，尤其是在牲畜爲私有財產的改變確定了以後。家家的發展不能如牲口增加得這樣快。看守牲畜的人，一天需要一天；因此，被俘的敵人就可利用了，何況他也和牲畜一樣，更可飼養以增多其數量呢。

這種財富，一旦變成幾個家庭的私產而迅速地增大起來，就給立足於對偶家庭和母權氏族的社會以有力的推動。對偶家庭，至此不得不容納新的分子了。與親子的母親並立，已有眞確的親生的父親了，他大槪比現代的『父親』還要更眞確些。根據那時候的分工制度，獲取食物和其必需的工具，是男子的任務；因此，他是這些工具的所有者，遇到離婚時，他就保有自己的工具，恰如女子對於一切治家物品爲她的所有一樣。按照那時的社會習慣，男子同時是新的養生品――牲畜――的所有者，且後來又是新的勞動力――奴隸――的所有者。但按同樣的習慣，兒女不能繼承他的財產，其原因如下：根據後裔祇照婦女一系統下來的母權，幷根據氏族原有的遺產習慣，繼承死亡者財產的是全氏族的親屬。其財富必須留爲族有。但因這些東西不甚重要，實際上他的財產也許會握到其氏族中最有關係的親屬的手中――即母方的血親。可是死者的兒女，並不屬於他自己的氏族，而屬於其母親的氏族。他們最初和母方別的血親一同繼承遺產，後來也許不免別人佔據便宜。但他們總不能繼承父親的遺產，因他的財產必須留在自己的氏族中，而他們並不屬於這個氏族。所以，一個牲畜的主人死了以後，這個牲畜就要遺給他的兄弟，姊妹，和姊妹的孩子，或遺給他母親的姊妹們的子孫。他自己的兒女不能繼承。

財產愈增加，則男子在家庭中的地位也轉而超過女子，於是**男子**方面起了一種野心，要利用其超越的地位，以推翻傳統的遺產制度，而為自己的兒女圖謀利益。 但當母權存在一天，這個企圖就一天不能達到目的。 最初必先廢除這種制度，這種制度的確後來被廢除了。 這一次變動，並不像我們現在看起來這麼困難。 因為這次革命———個人類歷史上最澈底的革命——並不擾及氏族中的一鷄一犬。 全氏族的分子，仍能照常過生活。 祗要有如下的簡單決議就夠了：從此以後，凡男子的子孫應屬於本人的氏族，而婦女的兒女， 則應除外而轉屬於其父親的氏族。 這個決議，便可廢除從母系認識後代和母權的遺產制，并成立父系的傳後和父權的遺產制。 地球上諸民族，究竟怎樣并在何時完成這個革命，我們無從知道。 這是完全屬於有史以前的事變。 至於這個革命存在過的事實，則有無數的母權遺跡，特別是巴霍風所考據的，給我們以十二分滿意的證明了。 這個事業的完成怎樣容易，我們可從印第安部落的整個系統中觀察出來。 那些部落，因一部份受財富的增加，生活狀況的變遷——從森林轉移至平原——的影響，另一部份受文明潮流與教會兩者的道德上的壓力，近來剛纔經過了這個革命，或仍在進行中。 八個密蘇里部落 (Missouri tribes) 中，有六個是父系的傳後和父權的遺產，祗有兩個仍是母系的傳後和母權的遺產。 蕭尼其 (Shawnees), 馬密其 (Miamis) 和台拉威斯 (Delawares) 諸部落，為要使孩子歸於父族起見，照例給他們以其父族的姓氏，使他們可有繼承遺產的名義。 『人類天賦的詭辯，即欲變其目的物而變其名，欲破壞傳統而從傳統中找出漏洞，而他唯一的動機，不過是直接的利益罷了』。 （馬克斯）這樣愈弄愈紛亂，祗能用父權來補救，且一部份已經如此補救了。 『這似乎是最自然的轉變』（馬克斯）。 若要知道比較法律學者 (comparative Jurists) 對於舊大陸的文明民族如何經過這個過渡時期的意見——雖僅屬臆斷——可參看考凡列夫斯基 (M. Kovalevsky) 所著的家產和私產的進化

及其起源 (Tableau des origines et de l'evolution de la famille et de Propriété, 一八九〇年 Stockholm 出版)。

母權的崩潰，是女性的歷史上的失敗。男子在住宅中也奪得統治權，女子則被賤視，奴使，成爲男子的玩具和生產小孩的機器了。女子地位的這樣墮落，在希臘的英雄時期特別明顯，而在古典時期則格外顯著，以後慢慢地粉飾起來，戴起假面具，或甚至假裝成一種文雅的形式了。但這個事實，終是無法掩蔽的。

建設男子霸權的成績，首先見於過渡形式的宗法家庭的復活。這種家庭形式的特徵，並非多妻（關於這一點還要補述），却是「多少自由的和多少不自由的人，於一個家庭中，在其家長的父權威嚴之下的組織。在閃密脫的家庭形式中，其家長實行多妻，不自由的分子也有妻和孩子，而這個全部組織的目的則在一定範圍看護牲畜」。主要的地方，卽在不自由分子和家長威權的並存。所以這種家庭的理想形式是羅馬的家庭。「家庭」(familia) 二字的意義，本來不是今日一般庸夫的頭腦中之骨肉情愫和家中口角的總概念。這個名詞最初用於羅馬時，並不是關於主要配偶及其兒女的稱謂，而僅僅適用於奴隸。拉丁文 famulus, 意卽家中的奴隸，而 familia 卽一個人所有奴隸的總稱。當蓋耶司 (Gajus) 時期，familia, 或稱父親的遺產 (id est patrimonium), 仍以遺囑遺給子孫。這個爲羅馬人所發明，用以稱呼新的社會機體；這個社會機體的首領有一個妻，幾個兒女和一羣奴隸，他們統通服從他的家長威權；又按羅馬法律，他們一切的生死權都在他一人手裏。「所以這個名詞的發生，並不早於拉丁諸部落的森嚴的家庭制度；這種制度祇發生於農業及合法的奴隸制度見諸實施後，幷在亞利安意大利 (Aryan Itali) 民族從希臘分裂出以後」。馬克斯加上說道：「近代的家庭，不僅含有奴隸制度 (servitus) 的幼芽，且還有農奴制度 (serfdom) 的幼芽，因牠開始就和農業有連帶關係。牠不過是包含着一切後來在社會中和國家中更廣大地發展起來的矛盾的縮影罷了」。

這一種家庭形式就是表現從對偶家庭至一夫一妻制間的過程。要使女子無二心，幷結果使父權得以持久起見，女子就絕對地墮入男子掌握中；殺了一妻，也不過是丈夫執行他的威權而已。

從宗法家庭起，我們就進化到成文史的領域；在這一階段中，比較法律學曾給我們很多幫助。牠的確在此促成很多進步。我們感謝考凡列夫斯基的證明（見原著：家庭和私產的進化及其起源 Stockholm 一八九〇年版本，六〇至一〇〇頁）：宗法的宅業公社 (the patriarchal houehold community)，卽現代於塞爾維亞 (Serbians) 和布加利亞 (Bulgarians) 二民族中所找到的「紫特魯格」(Zádruga 意卽友誼的聯合) 和「勃拉茨脫華」(bratstwo, 意卽骨肉集團)，和於東方諸民族中所發現的大同小異的形式——成爲由羣婚制度產生出來的母權家庭和近世的一夫一妻家庭間的過渡形式。這似乎至少可徵信於舊大陸歷史上著名的民族——亞利安和閃密脫。

南斯拉夫的「柴特魯格」，是這種家庭共產制度之現存的絕好例證。公社中有好幾世父系的後代，和他們的妻室均居住在同一的田莊中，共同耕種，共同衣食，而所得的盈餘，概歸公有。公社由一個宅主 (domácin) 管理；他能代表全社，幷得拍賣劣等貨品；他負有管理財庫之責，使一切經管事務照常進行。宅主是選舉出來的，且不一定是年長者。一切婦女及牠們的工作，則受宅主婦 (domacica) 指揮；她普通是宅主的妻室。牠對於女兒擇壻有重要的發言權，往往最後的決定卽由她主持。但是最高權力，還要托付於家庭會議 (the family council)，這是一切成年的男女會議。宅主對於這會議負責。這會議通過一切重要的決議案，對全宅各分子有裁判權，決定一切重大的買賣問題，特別是土地等物的買賣。

距今僅約十年前，業已證明這種家庭共產制度存在於俄國。現在大家承認這種制度在俄國通引的風俗中，還頗根深蒂固，正同「渥勃辛那」(obscina)，或農村公社一樣。

這種制度，又發現於最古的俄國法書耶洛斯拉夫的眞理(the Pravda of Jaroslav) 中，稱為 vervj, 和大馬濟亞法書 (Dalmatian code) 中所稱相同，且又可從波蘭民族和捷克民族之歷史的紀載中找到同樣的遺跡。

又類如日耳曼民族的經濟單位，根據休斯蘭的日耳曼法制全書 (Houssler, Institutions of German law)，本來不是單獨的家庭，而是『集產的住宅』(collective household)，宅有數代的子孫或幾個家庭，此外，常有許多不自由的分子。 羅馬家庭，也有這一類的遺跡；所以關於宅主的無上威權和其他分子對他無反抗餘地的景象，近來還引起很利害的爭論。 且有人說，類似的公社，又存在於愛爾蘭的色勒特民族中。 在法國革命時，它在尼凡內 (Nivernais) 以『巴松南利』(narconneries) 的名稱存在着，在法蘭西康德 (Franche Comté) 也沒有完全消滅。 在盧漢一區中 (Louhans, Saône et Loire)，我們可看到很大的農莊，中有公用的高大廳堂，上達屋頂，四圍繞以宿舍，中有六級至八級的樓梯，以通往來。 在這樣的屋舍中，每家有好幾代一同住着。

在印度，集體耕種的宅業公社，則已有尼爾卓斯 (Nearchus) 於亞歷山大時期說過了，且現在仍照舊存在於彭牙勃和印度西北部。在高加索，則為考凡列夫斯基自己發現的。

在亞爾日利亞 (Algeria)，這又依然存在於卡巴爾民族中 (Kabyles)。 卽在美洲，也有人說牠還有存在。 有些人猜想這種公社，和祉立達 (Zurita) 對於古代墨西哥民族所描寫的『加普列斯』(Calpullis) 相同。 但在祕魯 (Peru)，則有居儂 (Cunow; Ausland, 1890, № 42-44) 很明顯地指出：當被征服時，尙遺留着一種制度——很奇怪地稱為『馬加』(marca)——定期重分耕地，分過以後，各自耕種。

無論如何，集體耕種和土地公有的宗法宅業公社，今昔有完全不同的意義。 牠在舊大陸的文明的和別的民族從母權家庭進化至一夫一妻家庭的過程中，有重大的作用：我們對此，不能再有懷疑了。 以後，我們還要囘頭再說考凡列斯基之進一步的結論：這種公社,也就是私人耕種的鄉村公社 (Village or mark community) 中一切耕地和牧場初則定期重分,繼則永遠分定的發展之過渡階段。

論至這些宅業公社中的家庭生活,不得不指出:至少俄國的宅主以濫用威權聞名於當世的。 凡公社中的青年女子,特別是他的外媳婦等,都被他汚辱幷把她們變成姬妾。 關於這一點,俄國民間通行的歌曲,唱得再痛快沒有的了。

自母權崩潰以後,一夫一妻制馬上發展起來。 在未講到這裏以前,讓我先說一點多妻制度 (polygamy) 和多夫制度 (polyandry)。這兩種家庭形式,祇可說是例外的,是所謂歷史上產生的奢侈品;不然,則這兩種形式應能在同一地方同時存在了(但在實際上這是沒有的)。 自古以來,無論在什麼社會制度之下,男女的人數,大致相等,在多妻制度中排擠出來的男子,決不能還有多夫制度剩出女子來安慰他們,故若要挑選這兩種形式之一爲衆意之所向,本身就是不可能的。 實際上,一夫多妻,顯然是奴隸制度的產物,限於某種特殊情形的。 在閃密脫的宗法家庭中,祇有家長自身或至多還有他的幾個兒子,實行多妻,而其他分子,祇許有一妻。現在全體東方民族都是這樣。 多妻是富豪和顯貴者的特權,且往往藉購買女奴以達到這個目的的。 一般民衆,則都過一夫一妻的生活。 印度和西藏的多夫,也是例外。 牠是從羣婚制度產生出來的,對於這個確有趣味的根源,須作較深刻的研究。 實際上,牠似乎比較模罕墨德人民 (Mohammedans) 的嫉妒的姬妾制更能容忍的多。 至少在印度的內爾民族 (Nairs),確有三四個或更多的男子共一妻;但他們每人還可另找三四個男子再共一妻;同樣以至於第三第四個妻。 好不奇怪,麥克倫南並沒有在這些婚姻俱樂部中發現這新式的『婚姻俱樂部』(club marriage);在這些俱樂部中,每個男子可兼做幾個俱樂部的會員,且這些事又是他自己所親筆描寫的。 但是這婚姻俱樂部所做的事,不能說就是眞正多夫。 這剛相反,正如及勞特鄧龍 (Giraud-Teulon) 早已說過的,這是羣婚的特殊形式。 男子過多妻的生活,女子過多夫的生活。

（四） 一夫一妻家庭　The Monogamous Family

　　當半開化中段過渡至高段時，一夫一妻家庭發生於對偶家庭之中，已如上述。牠最後的勝利，就是文明發端時的徵象中之一。牠以男子霸權爲基礎，藉達其完全父系傳統之目的。後者的需要，就是因爲要這些孩子，後來能繼承他們的父親的財產。一夫一妻家庭和對偶家庭所不同處，卽在牠的婚姻有更大的永久性，不能再以單方面好惡，隨意離婚。習俗上，祇有男子仍有權力解除婚約，丟開妻室。男子破壞婚約，至少是習慣所賜予的特權（拿破崙法典 the Code Napoleon，，則直接給男子這個特權，祇要他們不把私通的女子帶至正妻的房子裏就好了）。社會愈是往前發展，這特權也愈能享受。如果女子囘想到古代的兩性生活，也要復起古來，則牠非受空前的嚴重處罰不可。

　　這個新的家庭形式，我們可在希臘看到。正如馬克斯所說，神話中的女神地位還指示我們一個女子尙有較自由和較高身分的較古階段，但於英雄時期便看到女子已被男子的霸權和奴隸的競爭蹂躪得不堪。請讀一讀沃迪西亞（Odysse），看德律馬柯司（Telemachos）對他的母親怎樣責罵，怎樣壓迫。根據荷馬的詩，被俘擄的少年婦女，卽給戰勝者以滿足其色慾。他們的領袖，按照地位的高低，依次選擇最美麗的女俘擄。伊利亞特（Ilial）一首詩，更全般露骨地描寫亞智爾斯（Achilles）和亞取曼囊（Agamemnon）兩人爭奪女俘擄的口角。隨便談到那個大英雄時，被俘處女和他在軍幕中同床的故事，是不少的資料。這些處女，後來還要帶到英雄故鄕的邸府去，如在愛雪洛斯（Aeschylos）的亞敢曼囊對卡桑德娜（Kassandra）。這些女奴所養的孩子，得繼承父親的遺產的小部分，且被認爲自由的人。圖克洛斯（Teukros）就是這種非法的兒子，他也得用父親的名字。妻室雖應容忍一切，但她自己却依然應保持貞潔。雖然希臘英雄時期的婦女較在文明時代被尊重得

第二章 家庭

多，但她對丈夫的關係不過他是合法兒子的母親，是他的第一個理家務者和女奴的管理者，對這些女僕，他可肆意姦淫，幷往往這樣實行的。

這就是一夫一妻制旁邊還並行着的奴隸制度。少年嬌艷的女奴一概是男主人手中的玩物。這種現象，開頭就給一夫一妻制一個特點，似乎這個制度祇行於女子而不行於男子。這個特點，直到今日還依然存在。

論到較晚近的希臘人，我們必須把陀里亞 (Dorians) 和伊渥尼 (Ionians) 兩種民族分別清楚。前者以斯巴達 (Sparta) 爲其古典的榜樣；其結婚的風俗，有好些地方比荷馬所描寫的還要古。斯巴達有一種對偶家庭的形式，雖隨該國當時的思想略有變動，但仍有許多地方還令人想起過去的羣婚制度。女子婚後不生養，必遭離婚。國王安納山德利大 (Anasandridas)（約當西歷紀元前六五〇年）有妻無子，於是再娶一妻，分居兩房。差不多同時還有一個國王叫做亞列斯登 (Ariston)，有兩妻都無子，於是又娶一妻，幷逐了一個前妻。再則，幾個兄弟可共有一妻。一個愛朋友之妻甚於己妻的朋友，即可享受他朋友的妻。甚至一個無公民資格的男子，也會有人給妻與這個強項的『雄馬』（卑斯麥的語式）使用，而毫不算做污辱的。柏拉大取 (Plutarch) 有一段文字，說到一個斯巴達婦人怎樣對待一個愛她送禮給她和她丈夫的男子，這似乎足以證明（根據秀孟 (Schoemann)）還有更自由的兩性關係存在過。再如妻子背地理和人私通的姦淫事件，那時候不曾聽見過。在另一方面，在斯巴達，至少在極盛時期，並沒有家庭奴隸制度，而其農奴海路都 (Helots) 則分開住在另一個地方。可見得巴斯達的男子引誘其他婦人交合的企圖是很少的。在這種環境之下，也可推想斯巴達的婦女比較其他希臘婦女之地位，還崇高得多。僅有「斯巴達的婦女」和「雅典的公妻」是那些爲古人所聲稱的，她們的一舉一動爲人所看重的希臘婦女。

至於伊渥尼斯，他們的代表者是雅典，則很不同了。女孩祗知紡織，縫衣，至多認識幾個字罷了。她們日常幽禁在閨房中，祗同其他女子作伴。

女子的臥室，設在樓上或住宅的尾端，以與其他部的分完全隔離，一般男子，特別是生人，不易闖進這地方，當看見男賓時，女子便躲避在這裏。婦女若無女奴作伴，不得離宅半步。在家，她們亦被人嚴密看守着。亞里斯多派(Aristophanes)所說的『慕羅星狗』(Molossian dogs)，卽為恫嚇姦夫之用的。至少在亞洲的城市中，太監是專門為監視婦女的。甚至在黑羅陀多斯(Herodotus)的時期，這些太監還要特別閹成出賣，且據華取司馬脫(Wachsmutl)，這不僅是半開化民族的舉動。按由列不底(Euripdides)，女子稱為『渥庫藍媽』(Oikurema)，這是一個稱看家的目的物之中性名詞，她除了養兒以外，對於雅典男子的服務沒有旁的，祗是他的主要的看家婆罷了。男子有煅煉體力的運動，有公衆的集會，而女子則一律禁止。此外，男子有女奴讓他任意玩弄。當雅典極盛時期，盛行的賣淫制，至少為國家所提倡。正在這種賣淫的基礎上，才發生了伊渥尼婦女的特殊現象卽『公妻』。她們在才氣上和藝術的教育上超過了古代女性的一般水平線，正與斯巴達婦女的人格一樣。但是一個女子在結婚以前，必須先做男子的『公妻』，終成雅典家庭為人所嚴重評詆之點。

雅典家庭漸漸變成一個模範的形式。不僅為其他伊渥尼民族的模範，且一切住在國內外的希臘人都漸漸起來模仿伊渥尼的家庭關係了。但是對希臘婦女不管怎樣用盡方法來禁鋼和看守，她却有相當的機會來欺騙她的丈夫。丈夫怕醜不肯宣佈其妻的醜事，祗好和公妻演出五花八門的戀愛行為聊以自慰。女子的墮落，在男子方面也得到了報應，使男子也同樣地墮落一直到演出鷄姦(boy-love)的醜事為止。在甘尼密地司(Ganymedes)的神話中，他們污辱了上帝，污辱了自身。

據一切開化最早和最文明的古代民族可考的史蹟，以上種種就是一夫一妻制的起源。這並不是個人戀愛的結果，且與個人戀愛毫無關係的，因男女的結合終久是習慣的產兒。一夫一妻制，非建築於自然的條件之上，而是第一個建築於經濟條件之上的家庭形式。這經濟條件即私有財產的戰勝原始的自然的集產主義。男子在家庭中的霸權，子孫為男子所有，并為他的財產繼承者——這些就是希臘人所要宣佈的一夫一妻制的唯一目標。因為其他一切，沒有別的，祇是他們的負担，祇是對上帝，國家和祖宗，應盡的義務，是一個不得不盡的義務罷了。在雅典，法律不僅來規定婚姻的制度，而更規定男子對於所謂婚姻的義務所應盡的至少限度。

這樣看來，一夫一妻制出現於歷史上，並不是夫婦間的調和，也更不是婚姻的最高形式。恰恰相反，這種制度出現於歷史上，表現此性為他性所壓迫，暴露歷史上空前的兩性衝突。於馬克斯和我在一八四六年所寫之未付刋的舊稿中，找到如下一段話：「第一次的分工是夫妻育兒的分工」。今天我要加上說：第一次階級衝突，在歷史上和一夫一妻制的夫婦衝突之發展相密合；第一次階級壓迫，也和女性為男性所壓迫的歷史相密合。一夫一妻制確是歷史上的一個大進步。但是這種家庭形式，除奴隸制度與私有財產的存在外，同時又表現出一個一直延長到現在的各種進化中又有退步的（比較上說）的時期；一部分的享樂和上進，是他部份受苦和屈辱的結果的時期。這是文明社會的原形，它使我們能夠研究現社會已成熟的種種衝突和矛盾之性質。

古代兩性交合的雙方自由，決不會因對偶家庭，或一夫一妻家庭的勝利而自歸消滅。「舊的婚姻制度，雖因普那魯安的結婚團體漸漸消滅而縮小其範圍，却仍徘徊於進步着的家庭中，迨到文明的邊界上。……牠最後便變成新式的公妻，這種新式的公妻仍跟隨在文明時代的人的背後如像這種家庭的一個黑影。」（見莫爾根的古代社會，第五〇二頁）。

所謂『公妻制』，即莫爾根指稱男子離開一夫一妻的家庭和未結婚的女子姦淫的名詞；這種姦淫，誰都知道在全部的文明時代中有很多不同的形式，且日漸趨向於公開的賣淫。這制度直接從羣婚制演化出來的，它起源於女子為換得貞操權而獻身的風俗。為金錢而獻身，起初是宗教上的行為；這件事情發生於愛神的廟宇中，而其金錢本來就是流入這廟宇的財庫中的。亞米尼亞的安內底斯 (Anaitis in Armenia) 和考林斯的亞弗羅達 (Aphrodite in Corinth) 二處的『赫羅杜來』(hierodulae) 和印度廟宇中宗教上跳舞的童女——『裴牙地兒』bajaderes，從葡萄牙文的 („bailadera" (意卽跳舞的童女)一字變化出來的)：這些都是原始的娼妓。女子的獻身本來是婦女的義務，後來實際上祇限於這些女教士，作為全體女子的代表。在其他民族中，公妻制起源於處女在結婚前的自由性交——這也是羣婚的復活，不過由另一條路上轉遞過來的罷了。

當半開化的高段，因各種不同的財產關係的產生，工資勞動偶然出現於奴隸制度之旁，同時其不可分離的伴侶——以賣淫為業的自由婦女——亦出現於被迫而獻身的女奴之旁了。這是羣體婚姻傳給文明社會的遺產，一個模稜兩可的禮物和其他由這模稜兩可的，陰陽面的，不一致的，矛盾的文明社會所產生的種種事件，同是一類的東西。這裏，是一夫一妻制，那邊，又是公妻與其極端的形式——賣淫。公妻和其他社會制度相似，也是社會制度之一種。這種制度是繼承古時性的自由——但祇是代表男子利益的。實際上，這不僅是社會所許可的，却是統治階級所慇懃奉行的，它祇在口頭上被人評詆幾句罷了。況且實際上這種評詆並不能對那些恣肆無忌的男子有何打擊，受打擊的祇是女子。這些婦女招到社會放逐與排斥，為的是要再三宣佈男性對女性之無條件的霸權罷了。

但是，第二個矛盾卽因此在一夫一妻制的本身內發展出來了。在一個以公妻自娛的丈夫旁邊，還站着一個被人忽視了的妻室。你不能於一個矛盾的事情中，僅有一面，而無反面和牠對稱，這好比你吃了蘋果的一半不能再有整個的蘋果一樣。 可是男子似乎有過這種妄想,等到妻室給他一個教訓,纔覺悟其不可能。 一夫一妻制引入了兩種向所未有的永久的社會人物卽妻的固定愛人和『烏龜』。 男子旣戰勝了女子,但被征服者却很慷慨地奉獻他這個冠冕。 於一夫一妻和公妻之外,女子的通姦也是不可避免的的社會制度,它雖遭受痛罵與嚴重的懲罰,但是它是不可遏止的。 父親的確認, 至多如古代一樣, 不過是憑藉道德上的信仰心罷了。 爲要解決這不可調和的矛盾起見,拿破崙法典第三百十二條就這樣說: „L'enfant conçu pendant le mariage a pour père le mari;" 就是說:在結婚已懷在肚子裏的小孩須認其母的丈夫爲父親。 這就是三千年來一夫一妻制最後的結果。

所以在一夫一妻的家庭中,至少在那種合於歷史的發展並明白表示出男子取得絕對霸權後所產生的夫婦衝突中,我們找到社會上大規模的對抗和矛盾的一個縮影。 自文明時代開始以來,社會上旣有階級的差異,就無論如何不能調和幷克服這些矛盾。 當然,我在這裏所說的僅是指那種一夫一妻制,在這制度中,婚姻生活實際上仍是維持這制度的原始的性質,但妻室則對男子統治權起了造反。 不是一切婚姻都走這樣的路綫的;關於這一點,我們德國的庸夫知道得最清楚沒有了。 可是他終不了解怎樣纔能控制他的家庭比控制國家更有把握些;因此,他的妻室也老實不客氣地裝起主人的樣子來了。 但他自己總是這樣想:他的法國朋友處境常常比他這要難堪些,他比這班不幸的法國朋友高明得多了。

一夫一妻家庭却非隨時隨地都表現出如希臘人所有的那般古典的苛刻形式。 如在爲未來世界霸主的羅馬人中間 (他們的眼光較諸希臘人雖不很細緻,卻更銳利) 女子就更自由,更被人尊重。 羅馬人相信要保證其妻的貞操,祇把她的生死權握在自己的手裏就夠了。 此外,女子和男子一樣,得自願的解除婚約。 但是一夫一妻制得發展到登峯造極,端賴日耳曼民族在歷史的出現。 也許是因爲他們的貧窮吧，他們的一夫一妻制確未完全脫離對偶家庭的。塔錫塔斯(Tacitus) 有下列三事足以證明這結論的正確：第一，雖然結婚是看做很神聖的——『他們各以一妻爲滿足，女子則以貞絜爲保障』——但部落中的顯著與首領仍行多妻，無異於美洲印第安土人的對偶家庭。 第二，他們從母權到父權的轉變，祗能發生於快到一夫一妻制的時期，因父親的兄弟——還認爲比自己的父親更要親近些，這也是和美洲印第安土人的觀點相符合。 印第安土人便是馬克思自己認爲研究德國太古時代的鑰匙。 第三，日耳曼婦女很被人尊重，並得參與社會事業：這是和一夫一妻制的男性霸權直接相反的事實。 凡此種種，日耳曼民族差不多都和斯巴達民族相一致；斯巴達民族，我們已說過，也沒有完全脫離對偶家庭的。所以這樣看來，就有一個新鮮的原素，跟着日耳曼民族的世界霸權而來了。 於是這個新式的因各民族混合而促成羅馬人的天下之滅亡的一夫一妻制，把男子的統治變成較緩和的形式，而把女子的地位則提高一點，至少較諸古典時期在外表上更尊重和更自由多了。未到這時候，不能從一夫一妻制中——在其中，在其側，或在其相反的對方，不管怎樣——發展出我們現所感激的倫理上之卓絕進步：前此所未有之近代的個人戀愛。

這一個進步，毫無疑義的起源於如下的事實：日耳曼民族彼時尙生活於對偶家庭中，同時把適合於這一時期的婦女的地位加进到一夫一妻制中。 這無論如何不能歸功於無稽的和不可思議的日耳曼民族的純絜的天性。 這些天性，是爲一個簡單的事實所限止的，即對偶家庭並不能造出分明的一夫一妻制的道德上的對比。剛剛相反，日耳曼民族於道德上卻十分墮落，特別是東南部漫遊於黑海的游牧民族中之日耳曼民族。 除了平原居民之中的武士詭訣外，他們還有其他很不自然的罪惡。 這種情形，已有亞美安納司(Ammianus) 於德弗利部落 (Thaifali) 中和普洛柯潑 (Prokop) 於黑魯利部落 (Heruli) 很明顯地證實了。

一夫一妻制雖是近代的戀愛所能發生的獨一無二的家庭形式，但不能卽說牠本身是絕對的或主要的表現夫婦之愛的發展。 於男子霸權之下的嚴格的一夫一妻制，是不會有夫婦之愛的。 在一切活躍於歷史上的統治階級中，男女的結合，自對偶家庭時期以來沒有變動，——卽爲父母作主的習慣上的事業。 歷史上的第一個戀愛形式：成爲情感的，出於人人的屬性的（至少出於統治階級的屬性），成爲性慾衝動的最高形態之特徵的，就是中世紀武士的愛情。 這誰也不能說眞正的結婚之愛。 而且卻正相反。 在牠的古典形式中，卽在普羅文斯民族中（Provencals，按卽居住法國東部的 Provencals 地方的人民（譯者）），這恰十足的促成姦淫的盛行，而且普魯文斯還有讚揚這種姦淫故事的詩。 普魯文斯的絕妙愛情詩，亞爾巴斯（Albas），對於武士怎樣和他的意中人——他人的妻——睡覺，門外看守的人怎樣於清晨破曉時喚醒他（按『亞爾巴』Alba 意卽天光破曉，故名其詩爲亞爾巴斯——譯者），使他不致爲其他人所察覺，描寫得淋漓盡致。 這幾首詩的絕妙處，還在描寫男女分手時的別情。 同樣，歐洲北部的法蘭西民族和樸實的日爾曼民族，也有這一類的詩和其相稱的武士式的戀愛。 華爾富蘭（Wolfram von Eschenbach）老先生遺給我們三節可令人驚奇的白晝歌（day songs），所說的也是同類值得追究的事情，我對於這三節歌比他的三首英雄敘事詩還要歡喜得多。

現代的文明結婚，可分兩種。 在信仰天主教的國家中，父母照老法爲兒子擇配，而其必然的結果，則爲一夫一妻制傳統的矛盾盡量發展——男姦女淫，放肆無忌。 天主教所以廢除離婚，大概因公認防止姦淫之難，難如防死。 再在基督教的國家中，給資產階級的兒子多少得到一點選擇配偶的自由，已成一種風俗。 所以在這一種婚姻制度的底下，也許有幾分戀愛的可能，尤其是爲體面起見，總要假定說是戀愛，正與基督教的假仁假義相吻合。 在這一種的文明結婚中，男子的行姦比較不厲害些，女子的私通也不致那樣的恣肆。但因人類不管在那一種婚姻形式中，仍保留他在結婚前的行為。又因基督家國家中的人民大半是庸夫俗子，這種基督教式的一夫一妻制，卽拿牠平均的最好現象來說，所謂家庭的幸福也不過如鉛一般的倦怠罷了。照出以上兩種婚姻制度眞面目的鏡子，可說是天主教式的法國小說，和基督教式的德國小說。在這兩種小說中，都可看到他們的『互相攫取』。在德國小說中，男子攫得處女；在法國小說中，丈夫做烏龜。究竟攫取處女的人和和做烏龜的人那一個是可憐，這問題，也常爲人家所討論的。因此，德國小說的糾繞不清的爲法國資產階級所厭惡，正如法國小說的『不道德』爲德國庸夫所垢罵。自柏林成爲人類薈萃的中心以後，新近的德國小說，對於城內的久已通行的姦淫事情，纔畏縮地不敢公然描寫出來。

在這兩種結婚制度中，婚姻都受兩造的階級背境的影響，在這一點上，所以婚姻常常的保存着一種因襲的事。這種因襲制的結果，往往足以造成最著名的賣淫———有時男女兩方都如此，最普通的是在女子一方面。她和妓女所不同的，祇是她的身體不是像商品一樣地按鐘點來賣錢，而是一次出賣而爲奴隸的。富里哀(Fourier) 對於一切的因襲婚姻說得好：『好比文法上兩反成一正，所以在結婚的倫理上，兩個賣淫成了一種美德。』男子對女子的戀愛關係，就變成且能變成壓迫階級中獨有的法則，卽爲現代無產階級所特有的法則——不管牠得到了官場的認可與否。

在這裏古典的一夫一妻制的一切基本條件都已拋棄了。在這裏一切財產都沒有了，而財產的保護和繼承，恰爲一夫一妻制和男子霸權成立的主因。所以在這裏一切造成男子霸權的根源都沒有了。再則結婚的聘金也是無力籌措的。保護男性霸權的民事訴訟法祇能適用於有產階級和他們與無產階級的接觸。法律是要化錢的，所以工人的貧苦使法律對於他和妻室的關係上不生絲毫的意義。在這種情形之下，決定這事的完全是另一種人，另一種社會條件。 最後，大工業旣把婦女從家庭中趕到勞動的市場和工廠裏面，男子統治女子的最後殘餘，在無產階級的家庭中也無立足的餘地了——或者一夫一妻制降生以來所通行的男子對女子的一部分對蠻行爲還要除外。 所以不管愛情怎樣深切和兩造的怎樣賦有不變的忠誠，也不管任何宗教的與社會的認可，無產階級的家庭已不是嚴格的一夫一妻制了。 結果一夫一妻制的終身同居，男姦女淫，在這裏也幾乎沒有什麼作用了。 實際上無產階級的女子已恢復了她和男子脫離的自由權，若婚姻不滿意，彼此寧各分手。 簡單地說，無產階級的婚姻是字源學上的一夫一妻制，卻沒有涉及歷史上的意義的。

我們的法律家說得不錯，立法的進步不斷地減少一切女子受屈的來源。 近代的民事訴訟法承認：第一，若要合法，婚姻必須爲兩造自願的契約；第二，結婚後，兩造的關係應以權利和義務的平等爲原則。 這兩個要求，在邏輯上不得不如這些法律家所稱頌的那樣能給女子以一切所盼望的東西了。

這種天才的法律家的辯護，恰恰同激進的資產階級民主派摧殘無產階級和開除無產階級的慣技無稍差異。 勞動契約，總說是雙方自願訂立的。 但是這裏所謂自願，祇是法律把兩方在一張白紙上訂個平等的條約。 至於爲階級分化所給予的某方的權力，它從此加於對方的壓迫，這兩方最實在的經濟關係：這一類的東西，與法律毫不相干。 再，在立約的期限中，雙方都有平等的權利，除非一方顯然放棄了他的權利。 經濟條件迫得勞動者完全放棄他的平等地位，這本來不是法律的罪過。

說到婚姻，當兩造形式上宣佈他們的志願後，縱對於極進步的法律，也完全滿意了。 但在法律的幕後，經過着怎樣實際生活，這志願到底怎樣執行，那與法律和法律家的本身毫不相干。 可是極簡單的法律上之比較，也應給法律家看出這種志願的眞意何在。 在父母向司法機關所呈報的財產祇許兒女享受而不得遺給他人的國家中——德國，一切採用法蘭西法律的國家等等——兒女的婚姻，必須得父母的許可纔能有效。在採用英吉利法律的國家中，父母的許可，不成爲婚姻的合法條件；父母就完全有把財產遺給他人的自由權，而得任意摒棄自己的兒女。所以這是很明顯的，在有產可遺的階級中婚姻的自由，在英，美不會比在法德好得毫釐。

婚姻方面男女在法律上的平等，不能有較好的基礎。他們由前代遺傳下的法律上的不平等，不是原因，而是婦女受經濟壓迫的結果。在古昔共產的住宅中，有許多夫婦連子女同居，治理家務，委託婦女，這正與男子獲取食物同是一種公衆的職務，一種社會必須的產業。在宗法的家庭中，這種情形已有變遷。在一夫一妻制的家庭中，則變遷得更多了。治理家務已失卻其公衆的性質，這不再是社會的事業，而是私人的服役了。婦女變爲家庭中第一個僕人，不能參預社會的生產事業。祗有現代的大工業再打開門戶給婦女們重新走到社會生產的道路——但這祗是無產階級的婦女。走上這條道路的情形是這樣的：倘若她們要在家中盡職於私人的服役，則她們仍不能參加公衆的生產，且不能得到任何的代價。倘若她們要想參加公衆的生產事業，且得到生活的獨立，則她們再不能顧到家庭的職務。女子在社會上，好比在工廠中，各種行業的部門，甚至醫藥法律等業，都有她們的地位。近代的一夫一妻制的基礎即建築在公開的或掩飾的家庭婦女的奴隸制度上；近代的社會，是這一夫一妻家庭的細胞組成的。大都男子必須自給生活且給養家庭，這種情形至少普徧于有產階級中。因此他就得到了超越的地位，而無需乎什麼法律上的特權。在家庭中，他是資產階級，他的子女則代表無產階級。但在工業的社會中，加於無產階級身上的經濟壓迫的特性，祗有在資產階級的一切特權完全廢止和兩階級在法律上的平等完全實現之後，纔特別分明地表現出來。一個民主共和國並不能廢除兩階級間的對立。恰恰相反，牠正貢獻一個使這對立爲最後決鬥的決戰場。同樣，在近代的家庭中，

男子統治女子的特性，兩性在社會上的眞正平等的必要和其實現的**情況**，祇有等到兩性完全享受法律上的平等時，纔能明如白晝地，**暴露**出來。　那末，我們可看出婦女的解放，根本上依靠全體男子**復歸**於公衆的產業中去。　要完成這個任務，一夫一妻制必不可再**爲社會**的經濟單位了。

＊　　　＊　　　＊

　　根據以上所述，我們得到三個主要的家庭形式，一般地說，可與三個主要的人類進化階段相配合。　在野蠻時代有羣體婚姻，在半開化時代有對偶家庭，在文明時代則有附帶私通與賣淫的一夫一妻制。　在對偶家庭和一夫一妻制間（卽半開化的高段）插入男子對女奴的統治和多妻的一段歷史。

　　我們一切的辯論點已指出：在這些連貫的現象中所覺察的進化過程，與步步摧殘女子在羣婚固有的兩性自由而男子則逍遙如舊的特點有連帶關係。　實際上，羣婚制度仍行於今日的男子中。　對女子認爲有罪的且以法律和社會的嚴重處罰來制裁的事體，對男子則認爲光榮的，至少是快意的道德上的污點罷了。　但是，傳統的**姦淫**被現代的資本主義生產所變更，愈是來適應這種生產，則姦淫愈變爲公開的賣淫，結果在道德上的墮落也愈甚。　且使男子的墮落更甚於女子。　賣淫不是全體女性的墮落，而祇是那些爲人砧上肉的不幸女子，但就是那些女子的墮落也不至於如一般人所想像的那樣利害。　這却是使整個男子世界的人格墮落下去的。　尤其是長期的婚姻束縛什九成爲通姦的完美演習所。

　　現在社會革命近在眉睫，經過這次革命後，舊的一夫一妻制的經濟基礎將和牠的附屬品———賣淫———的基礎一同消滅，這是毫無疑義的。　一夫一妻制起源於大量的財富集中在一人手裏——男子的手裏——和由於要把這一人的財產遺給兒女並使任何外人不得承繼的企圖上來的。　這就是祇要女子方面的一夫，並不要男子方面的一妻。所以這種女子的一夫制，不能對男子公開或祕密的多妻有何阻撓。現在，近在眉睫的社會革命，將至少把極重要部份的可遺傳而有永久性的財產——生產工具——變成社會的產業，使遺傳家產的苦心積慮可削減到其最低限度。既然一夫一妻制是經濟條件所造成，那末當這些經濟的原因消滅後，試問一夫一妻是否也要消滅？

無論誰都可以據理回答道：一夫一妻制不僅不能消滅，且要完全實現。因生產工具變為公有後，工資勞動者也要消滅，同時無產階級和以肉體兌換金錢的一部份婦女也要消滅。於是賣淫的行為不再有，而一夫一妻制非但不致消滅，且能行於男子而得到最後的真正實現。

無論如何，男子的生活狀況將起很大的變動。同時女子——全體女子——的生活況狀也要起一個大變化。生產工具改為公有後，一夫一妻家庭不能再為社會經濟的單位。私人的家務，變為社會的產業了。小孩的提攜與教訓，變成一種公眾事業。社會對於一切小孩，不管是合法或非法的，一律保護。這樣就可消弭使女子不敢無條件地和她所愛的男子結合的，現在成為主要的社會原素（道德和經濟的）的『婚後』的顧慮。這還不足為將來更不染舊習的兩性結合和更不計較處女的名譽與女性的羞恥的寬大的輿論之勃興的原因麼？最後，我們還未曾看出現代的一夫一妻制和公開賣淫雖互相矛盾，却不免是唇齒相依，且是同一社會條件之兩端麼？賣淫的消滅，不致同時連累至一夫一妻制，是否可能？

在這裏就有一個新的原子活躍起來，這是至多胚胎於一夫一妻制的發展時期中的原子——這就是個人的性愛。

中世紀以前，我們談不到什麼個人的性愛。這是用不到多說的：面貌的美麗，親密的往來，意志的和諧等等，會引起男女性慾的衝動；又男女的心中，也不會絕對不管同誰發生這種極親密的關係。但從這種關係至我們的戀愛，兩方相距還是遠得很呢。

古代一切婚姻都是父母代辦的，當事人只有啞口服從。古代所見聞的絲毫婚姻愛情，不是主觀上的意志，却是客觀上的義務；不是原因，却是結婚的副產品。古典時期的愛情故事，祇能發生於合法的社會以外。地克列多斯(Theocritos)和莫斯喀斯(Moschus)所歌詠之愛情禍福中的牧童，例如郎彡斯(Longos)島中的達夫尼斯(Daphnis)和楮羅衣(Chloë)，他們都是奴隸，國家與自由公民的日常生活，是他們所享受不到的地方。除奴隸外，我們所見到的愛情故事，祇是舊世界到了日暮窮途時的產物。這些故事的對象，也是被拒於合法社會外的婦女，即外來的，或從奴隸解放出來的淫婦；在雅典發生於其衰落時期，在羅馬則於帝政時期，倘若愛情故事眞能發生於自由的男女民間，則祇有採取私通的形式。在昔日古典的寫情詩人安那克里昂老先生(Old Anakreon)的頭腦中，對於我們所說的性愛是如此的不了解，以致他對於被愛者的性別，都毫不介意。

我們的性愛和古人的簡單性慾衝動——即所謂「伊洛斯」(Eros)是根本不同的。第一，它是兩性的互愛。關於這一點，女子是和男子平等的，而古代的「伊洛斯」則對於女子許可與否，往往不顧慮的。第二，我們的愛有這樣的深沉而耐久的程度，以致對於彼此不相屬和別離的事情，兩方若不看作莫大的不幸，至少要看作一個大不幸。爲要達到彼此相屬的目的，他們甘心冒大險，甚至不顧生死；這種事體，在古典時期，祇有在私通的情史中才聽見過一點。最後，建立新的道德標準，來判斷兩性的結合。我們不僅要問：「這是否合法？」但再要問：「這是否爲雙方的互愛？」當然，這個新的標準，不管在封建的或資產階級的實行上，不能比其他一切道德標準有較好的幸運，它是爲人家完全所忽視了的。但是牠的命運也不致更壞。牠恰如其他一切標準那樣，祇在理論上，祇在紙上被人所承認。我們現在所能盼望得到的也祇限對這一點。

在古代未能達到性愛的企圖告終之處，中世紀卽在這終止點找了線索，這就是私通。 我們已經述過發明自晝歌的武士之愛。從這種企圖破壞婚姻束縛到建設婚姻基礎的愛，兩端相隔還是很遠，這距離是爲武士們所決不能完全跨過去的。 卽從輕浮的羅馬種族到高尙的日爾曼民族的過程中，我們於尼倍龍格（Nibelungen）歌中，見到克里姆希爾特（Kriemhild）她暗愛西格弗里特（Siegfried）雖不減於對方愛她自己，她却溫柔地回答根逐（Gunther）替她和某武士（這武士是誰他沒有說出來）訂婚的宣告，她說道：『你用不到向我徵求同意：你要怎樣，我就永遠怎樣，先生，任你選擇那一個人做我的丈夫，我都願誠意服從。』她的心中從不會想到她的愛情是會被人家所顧慮到的。 根逐之要求勃倫希爾特（Brunhild），愛察爾（Etzel）之要求克里姆希爾特，他們彼此間都是從來未見過一面的。 愛爾蘭的格德龍西直明（Gutrun Sigebant）的要求挪威的少年烏德（Ute）和海格林人（Hegelingen）海台爾（Hetel）的要求愛爾蘭的女士希爾達（Hilda）也是同樣的情形。 等到莫蘭人（Morland）西格弗里特，奧蘭寧人（Oranien）赫德麥特（Hartmut）和西蘭人（Sealand）黑爾維格（Herwig）一齊向格德龍求寵時，然後這貴婦破天荒地毅然自決，同意於上說的武士的請求。 通常，太子的配偶爲其父母所選擇。 祇遇父母死亡或病重時，他纔得自己選擇。但那時必有封建顯著對於這類事情從旁參贊，而且他們的話常常能決定一切的。 此爲不可易的定例。 對武士與男爵和封國的王侯，結婚是一種政治行動，卽是以新的聯繫爲擴大權勢的機會。 先決條件是家族的利益，不是個人的志願。 在這種情形之下，怎樣能使戀愛於婚姻的決定有插足之餘地呢？

同樣的情形，可見於中古城市的資產階級——行會的會員。保護他們的特權，行會證的規則與限制，把他們在法律上與其他行會以及工匠和學徒劃分開的人爲的界限，把他們的配偶的選擇緊緊地縮到一個狹隘的範圍中。 在這種複雜制度之下，相配不相配的問題，不以個人的志願爲標準，而無條件地取決於家庭的利益的。

可見得絕對大多數的婚姻結合，在中世紀之末，還是同起初一樣，沒有多大變動：婚事是不取決於當事人的自身的。起初懷中的嬰孩卽已定了婚——固定和一團體的異性結婚。在晚近的羣婚形式中，相似的關係似仍保存着，祇是繼續縮小結婚的團體罷了。在對偶家庭時，互送聘禮爲母親對兒女的職務。這裏發生新的婚姻聯繫時所顧慮到的是看這些少年配偶在民族與部落中是否因結婚而把他們的地位鞏固起來這一點。到等私產漲大超過公有財產，繼承遺產的利益，以及父權和一夫一妻制奪得統治地位時，婚姻取決於經濟的條件更其利害了。買賣的婚姻雖已消滅，而其精髓反更發展，不僅女子有代價，而男子亦有一定的價格了。這價格不以人品爲標準，卻以財富爲標準。在統治階級中，從來沒有聽見誰能實際以兩造相愛好爲一切結婚原素中的先決條件的。實行這個原則的，至多祇見於浪漫的小說中或爲人所忽視的的被壓迫階級中。

這是自地理的發現時期資本主義生產開始準備藉國際貿易和製造工業品以征服世界時起，它所遭遇到的局面。或有人想，這種婚姻的方式當被資本主義的社會所極端採用，這是對的。可是命運的滑稽是沒法解釋的，資本主義的生產免不了於這種方式中生出致命的裂痕。牠把一切物件都變成商品後，就把一切傳統的關係完全消滅了，把買與賣，把『自由訂約』來代替空洞習慣與歷史的權利了。所以當英國的法律家梅納 (H. S. Maine) 說，我們所能臨駕過去各時代的整個進步，卽在於從聽天唯命到訂立契約，從繼承狀態到根基於自由意志所訂立的企約的狀態，他自以爲是做了大發現。假如這句話是對的，則這已在共產黨宣言中早已說過了。

但要訂立契約，人民對於身體，動作和私有權，須有充分的自由。契約又必須以相互平等爲條件。這些『自由』和『平等』的建設，恰恰是資本主義生產的主要任務。這個任務怎樣開始半覺悟地用宗教的面具來執行的呢？自路德派 (Lutheran) 和凱爾文派 (Calvinist) 的改革以來，就有這種理論：一個人對他自己的行動須完全負責的，祇在這些行動完全出於意志的自由時。並謂反抗任何逼人做不道德行動的壓迫為各人道德上應有的義務。這種理論又怎樣和通行的訂婚條件相吻合呢？按照資產階級的思想，結婚是一種契約，一種法律上的事業，並為法律上最重要的一部份，因這是兩造一生肉體上和精神上禍福所寄託的關鍵。在那時光，這種契約，形式上是自願的：倘無訂約者本人的許可，什麼事體都辦不成。但是這種允許怎樣得到的，並誰是真正的訂約者，誰都知道。但若完全自主為其他一切契約所必須的，那末為什麼在這裏也不能如此呢？兩個少年的配偶，難道沒有自由處置自己的權利麼，沒有處置自己身體上的五官的權利麼？兩性的愛，不是已為武士造成風俗了麼；與武士式的姦淫相反的夫婦之愛，又不是資產階級應有的戀愛形式麼？倘若彼此相愛是夫婦間應盡的義務，那末祇有相愛者，而不是旁的人，才能結婚也不是相愛者的義務麼？兩個愛人的權，難道不比父母，親戚以至三姑六婆與習俗上的媒妁的權高些麼？倘若個人能自由地跑到教堂和宗教裏面去探討一切，那長輩對於晚輩肉體，心靈，財產，幸福，與災禍上，所有的要求怎能被忍耐呢？

這些問題，於一切舊的社會關係廢弛而一切傳統的觀念已動搖時，是必然發生的。世界的範圍，一躍而增至十倍之大。現在西歐人民目光所射到的，不是一半地球的四分之一，而是整個的地球，他們已忙着去佔據這八分之七的地面了。中世紀的千年的傳統思想，現在覺得婚姻狹隘的障礙物了。一個無限廣大的宇宙，已龐然陳列於人類的目前。在為墨西哥和巴多西(Potosi) 的金銀礦所誘惑的少年面前，好意的溫情，歷代繼承的行會的特權，值什麼東西呢？

這是資產階級在武士戰鬥場中的揚眉吐氣時期。牠有自己的浪漫故事與戀愛的夢，不過牠的立足點是資產階級的！最後，牠的目的也是資產階級的罷了。

這樣看來，方興未艾的資產階級對於訂婚自由的承認，也一天增加一天；他的進行情形，已如上面所述；而在基督教的國家中，舊的制度已非常地動搖，這種進行情形，也是特別顯著。婚姻卻仍是階級的婚姻，但在這階級中，當事人可有相當的自由選擇。又在紙上的道德理論中，如詩歌所描寫的一樣，一切婚姻若不以兩性互愛和夫婦完全自由同意為基礎，都是不道德的。這簡直是天經地義。一言以蔽之，戀愛的結合，已成為一種人權，不僅是男子的權 (droit de l'homme)，而且是女子的權 (droit de feomme)。

但這種人權，有一方面和其他一切所認「人權」不同的地方。其他一切人權，在實行上仍是統治階級——資產階級——的特權，並且直接或間接使無產階級不能共享的。而在這裏，歷史的譏諷又自己表現出來了。壓在顯著的經濟影響之下的統治階級，能於婚姻上表現自由選擇的，很不多觀。但在被壓迫階級中，則我們已看到戀愛的結合，反成通常規律。

所以，婚姻的完全自由，祇能於資本主義的生產和其所造成的財產關係都已廢除，使一切仍很影響於終身良件的選擇之經濟條件因此消滅後，才能普遍於全體人類中。於是所留下的，沒有旁的動機，祇有相互的愛。

性愛的本質既有排拒性——雖則現在這種排拒性祇能實現於女子中——故以性愛為基礎的婚姻必須一夫一妻。巴霍風曾把從羣體婚姻進化到一夫一妻家庭的主要事業歸功於女子，這是很對的。祇有從對偶家庭到一夫一妻家庭的一段進化，必須歸功於男子。這一段進化，含有女子地位的墮落和給男子以更大的不忠實機會的歷史意義。如果能把現在逼得女子不得不屈服於男子的習慣的不忠實之下的經濟條件掃除得乾乾淨淨，那末你會把女子放到男女平等的水平線上。現在一切經驗足以證明：這樣能使男子更趨向於真正的一妻，而不會使女子趨於多夫。

但是，自始即以財產的關係粘附於一夫一妻制的臉孔上的種種特點，卽男子霸權和婚約之不能自由解除，必歸消滅。 男子在婚姻上的霸權，不過他在經濟上佔優勢的結果，經濟的優勢消滅時，這種霸權亦必同時廢止。

婚約不能自由解除，一方面是產生一夫一妻制的經濟條件的結果，另一方面是尚未使人明瞭的這種經濟狀況和一夫一妻制間之關係被宗教引誘到極端時的遺傳。 現在呢，牠已千瘡百孔了。 倘若祇有基礎築在戀愛的關係的婚姻是合於道德的，那末當然祇有愛情繼續存在的婚姻才合道德。 性愛的耐久性，隨個人的性情而很有差異，特別是在男子一方面。 愛情的自動的消滅，或遷移到新的愛人時，離婚就成爲兩造本身和社會的要求了。 但人類將要走過離婚的泥濘的無益的擧動。

關於近在目前的資本主義的生產崩壞後兩性關係改造的情形，我們現在所能想到的大部分都是帶有消極性的且祇限於將來要消滅的原素。 但是，有什麼原素的增加呢？ 等到新時代的小孩子長成：一個在生活上永遠遇不到以金錢或其他經濟權力購買女子的男子種族；一個永遠遇不到除戀愛以外還有什麼旁的理由可使她嫁給男子，或由經濟上的影響使她害怕，而拒絕和愛人結婚的女子種族——到了這時候纔能決定新的原素。 一旦世界上有這樣一種人民出現，他們的頭腦中決不會有一秒鐘想到我們關於他們的話。 他們必定會有自己的經驗，幷會形成自己對於各個人的行爲上之共同觀念——祇有這一點，沒有別的。

但是，我們已離開莫爾根太遠了，現在請囘過頭來罷。 關於文明時代所發展的社會制度之歷史的考察，已超過他的著作範圍以外了。 所以，對於一夫一妻制在這時期中的沿革，他僅很簡單地述到一點。 他也看到一夫一妻制的往前發展，是一種進步，必趨向兩性之完全平等，但他沒有想到，這個目的能完全實現。 可是他說：「當家庭經過四種形式相繼變化的事實已爲人所公認，且現在已到了第五種形式時，馬上就要發生如下的問題：這種形式，將來能否永遠存在？可能的答覆祇是：社會進步，牠也進步，社會變遷，牠也變遷，好像過去所經過的那樣。牠是社會制度的產兒，且要反映社會的文化。一夫一妻制，自文明時代開始以來，既有改良，而在晚近尤覺顯著，那末，至少可以猜想：牠能再改良下去，一直達到兩性的平等。假如文明繼續進步，將來一夫一妻的家庭，也許不能適合社會的需要，但現在要預測其繼起者的性質，實屬不可能的』。

第 三 章
伊洛克的氏族

我們現在再論莫爾根的第二個發現，這個發現至少和從親屬制度上再造出原始家庭形式一樣重要。這發現證明：在北美印第安部落中，兩性的組織都冠以動物的名稱，這種兩性的組織和希臘的「日尼奧」(Genea) 與羅馬的氏族 (Gentes) 大致相同；美洲的形式是原始形式，希臘和羅馬的形式是晚近所發展的形式；希臘和羅馬古時整個的社會組織是氏族 (Gens)，族團 (Phratry) 和部落 (Tribe)，這與美洲印第安的社會組織相符合；氏族為一切半開化民族進到文明前的共同制度，至少根據我們所得到的材料可以這樣說。這個發現把最古的希臘和羅馬歷史之最困難的一頁於一指劃間說得清清楚楚。同時，牠對於國家未發生前原始時代社會制度的問題，給了我們以出乎預料的消息。牠一旦發現後，看來就很簡單，可是發現牠的，祇有近代的莫爾根。他在一八七一年的著作中，尚未打開這個悶葫蘆。這悶葫蘆打開了以後，當時自信過甚的一般英國原始史的著作家，對此却一字不肯提起。

莫爾根常用拉丁字 Gens 以稱呼這種兩性組織。此字來源和希臘文 Genos 一樣，由於共同的安利亞字根 Gan，意即傳種。Gens, Genos, 山斯克列 (Sanskrit) 文的 dschanas, 戈斯文 (Gothic) 的 Kuni, 古代的北方人的和盎格魯薩克遜 (Anglosaxon) 文的 kyn, 英文的 Kin, 日耳曼 (Middle High German) 文的 Künne：這些名詞，都指宗譜或苗裔而言。拉丁文的 Gens，希臘文 Genos，特別含有以同宗（出於一個共同的始祖）自誇和以某種社會與宗教的制度組成獨立的公社的一種兩性組織之意義；但其根源和性質，究竟怎樣，我們的一切歷史家仍不得而知。

第三章　伊洛克的氏族

再在述到普那魯安家庭時，我們已找到氏族的原始形態了。氏族為一切以普那魯安的婚姻和同這種環境相適合的觀念產生的某一氏族首創者老祖母的公認後裔之個人集體。在這種家庭形式中，因誰是父親不能確定，祇有母系纔被承認。又因兄弟不能和姊妹結婚，而祇能和異族的女子結婚，這些異族女子所養的孩子，根據母權，不屬於男子的氏族。所以留在同一兩性組織中的，祇有每代的女兒之後裔；兒子的後裔則轉移到其新母親的氏族中。當這個親屬的團體自成一個獨立的團體而與同一部落中的其他類似團體分離時，牠又變成怎樣一個形式呢？

莫爾根選擇伊洛克的，特別是山內客(Seneca)部落中的氏族為這種原始氏族的古典形式。這部落共有八個氏族，都取名於動物：一．狼。二．熊。三．甲魚。四．海雞。五．鹿。六．獺。七．鷺。八．鶻。每個氏族有如下的風俗：

一．氏族中選出會長(Sachem，卽和平時的長官)和元帥(chief，卽軍事首領)。會長必須由族內選舉出來，并有世襲的性質。如遇會長出缺，新會長必須立刻繼任。元帥可從族外選出，甚至可以暫時中斷。關於會長的職務，兒子決不能繼承父親，蓋伊洛克人遵守母權，因此兒子屬於其他氏族。但姊妹的兄弟或兒子，常常被選為會長的繼任者。選舉時男女都參加。可是選舉的結果，必須再得其他七個氏族的認可，於是由全部伊洛克聯盟的總議會(council)任命當選的會長莊嚴就職。關於這種情形的意義以後再述。部落中會長的威權，是一種男性的，純粹道德的性質。他沒有強迫的力量。他又以會長的資格加入山內客的部落議會，同時加入全伊洛克民族的總議會。元帥則祇任戰爭時有發號施令的權力。

二．氏族得隨意撤換會長和元帥。關於這一類的工作，亦是男女共同執行的。退職的官員，都仍為普通的兵士和平民，與一般人無異。但部落的議會，亦能撤換會長，甚至可與該部落的意見相左。

三．氏族內各分子禁止通婚。這是氏族的基本原則，也是氏族藉以團結的關鍵。這是正面的血統關係之反面的表徵，同血統的分子藉此得以團聚成氏族。莫爾根卽以這個簡單事實的發現，破天荒地揭開了氏族的本性。在莫爾根發現前，一般人對於氏族的觀念很不清楚，這可以前此關於野蠻和半開化民族的報告爲證，在這些報告中，氏族制度所從出的各種不同的組織都混成一團，部落，克蘭（clan），索姆（thum），等等，都辨認不清。有些時候，曾說到這些組織都不准內部通婚。這引起了令人失望的糊塗，在這中間，麥克倫南會裝成拿破崙的樣子用一紙命令來創設制度：一切部落共分爲不准內部通婚的（外婚的）和允許內部通婚的（內婚的）兩種。他造成了這種糊塗之後，又深深地幻想着：這兩類荒謬的部落中，究竟是那一個古些———外婚的呢，還是內婚的呢？莫爾根的發現，指出氏族以血屬的密切聯絡爲基礎，且因此內部各分子不得結婚；於是那些無意識的思想，卽隨之消滅了。在伊洛克民族的進化階段中，顯然見得族內通婚的嚴格禁止。

四．死亡者的財產，非本人的氏族不得染指，這些財產必須留在原來的氏族中。但因伊洛克人身後的財產無多，不足引人注意，故結果仍是死者氏族中的極親的眷屬分承。假如死者是男子，則他的同胞兄弟和母親的兄弟姊妹分承他的遺產。假如死者是女子，則她的孩子和同胞的姊妹均得享受，而她的兄弟則不得與聞。因此，夫婦不得互相承繼，而孩子亦不得承繼父親的遺產。

五．氏族中各分子應互相扶助，互相保護，特別是受外人謀害時應相助報仇。個人的生命，全恃氏族保護，氏族並須保險其生命的安全。誰損害這個人，等於損害全氏族。從這種血族關係中，就發生了血親報仇的義務，這是伊洛克民族的天經父義。倘若外人殺了一個氏族的分子，被害者的全氏族必誓死爲之報仇。第一步從和解着手。殺人者的氏族斟酌幷提出謝罪的條件於被害者的氏族議會中，普通是道歉和相當賠贖。倘若對方接受這些條件，就沒有事了。 不然，被害的氏族就指定一兩個報仇者追究仇人，幷設法殺死他。 若報仇者達到目的，原犯殺人的氏族不得呼冤。 這事情就告了結。

六．氏族有其特殊的譜名或譜系，全部落的其他各氏族不得混同，所以從個人的名字卽可知道他屬於那一氏族。 譜名又同時包括所賜予的氏族權利。

七．氏族可收容外人，被收容者因此就納入全部落。 戰爭的俘擄未被殺害者，收容於氏族中，變成山內客部落的一分子，且得完全享受氏族中和部落中的一切權利。 這種收容第一步出於氏族中幾個分子的動議，若動議者是男子，他們收容這外人爲兄弟或姊妹，若是女子，則她們收容他爲兒子。 爲使這種收容有效，入族的手續必須經過莊嚴的介紹。 往往有些異常衰落的氏族，得其他氏族的許可，被大批地收容到那氏族中去，以致重新強盛起來。在伊洛克民族中，入族的莊嚴介紹舉行於部落議會的公開大會中，這樣一來這種介紹事實上成爲一種宗教的禮節了。

八．印第安各氏族中特殊宗教典禮的存在很難證實。 但這些宗教儀式，多少和氏族有連帶關係。 在伊洛克每年的六個宗教節期中，各氏族的酋長和元帥被指定爲『信仰擁護者』，幷行使牧師的職務。

九．氏族有公共的葬地。 在紐約州的伊洛克民族中，四圍白種人住得非常擁擠，這種葬地業已消滅，但從前的確存在過。 在其他的印第安民族中，葬地仍存在着。 如在塔司卡羅拉部落中，(Tuscaroras) （這是伊洛克的嫡親部落）個個氏族雖已信基督教，還各在公共的葬地中自有一排獨立的土地。 母親和兒女同葬在一排，但父親則不在這一排。 又在伊洛克部落中，死者的氏族全體參與喪禮，挖掘墳墓，預備衣衾，等等。

十 氏族有一會議，爲氏族中一切成年男女的德謨克拉西的議會，男女均有同等的選舉權。 這議會得選舉及罷免酋長和元帥；

幷對其他『信仰擁護者』也有同樣的權利。 議會得向被殺害的氏族商議謝罪，或血屬報仇的賠禮，又得收容外人入族。 一言以蔽之，這是氏族中的最高機關。

根據莫爾根，一個模範的印第安氏族之權利與特權如下：『一個伊洛克氏族中的各分子都有個人的自由，且彼此間的自由必須互相尊重；他們的特權和個人的權利均屬平等，酋長和元帥不得佔優越地位；他們幷以親屬的線索，結成兄弟關係。 自由，平等，博愛，雖從沒有形成條文，却是氏族的基本原則。 這些事實都很重要，因氏族是一個社會組織和政治組織的單位，即爲建築整個印第安社會的基礎。 以這種單位組成的建築物，必然帶有這些單位的性質，因爲單位如此，其集體亦必如此。 自立和人格的尊重所以能爲印第安民族一般的特性，即以此來解釋的。』

當發現的時光，全部北美洲的印第安土人都依照母權以組織氏族。 祇有『在幾個部落中，如大柯達斯(Dakotas)氏族已經絕跡；他如在育卡登(Yucatan)的阿日勃瓦斯(Ojibwas)，阿麥赫其(Omahas)梅牙斯(Mayas)三部落中，傳後已從女系改變到男系了。』

許多印第安部落是由五六個氏族以上組織的，內有四個或更多的氏族合成一個獨立的團體，莫爾根卽從印第安的原名正確地譯爲相等的希臘名詞族團。 可見得山內客有兩個族團，第一個由第一至第四氏族組成，第二個由第五至第八氏族組成。 更精密地觀察，又可知道這兩族團大概代表最初組成這部落的基本氏族。 因有婚姻的禁例關係，一個部落必須至少有兩個氏族幾能獨立存在。 等到部落的人口增加，每個氏族分成兩個或更多的新氏族，而原有的氏族現在包括一切新氏族而形成族團。 在山內客和大多數其他的印第安民族中，』同一族團的氏族，彼此成爲兄弟氏族，又對於其他族團中的氏族成爲表兄弟氏族』——這些稱呼，如我們所看到的，對於美洲的親屬制度有很眞確幷很明顯的意義。 山內客原來不准族團內通婚，但是這種風俗早已消滅，現在僅以氏族爲限。

76

根據山內客的傳說，熊和鹿是兩個基本氏族，其他各氏族卽從這兩氏族分裂出來的。 等到這新制度成立了以後，牠再隨環境略有變更。 倘若某某氏族絕滅了，有時一個氏族的分子卽以彼此同意完全從別的族團中整批遷移過來。 所以我們見到同一名稱的氏族分佈於各部落的族團中。

『伊洛克部落中的族團，一部份是爲着社會的目的，另一部份是爲着宗教的目的。』一 舉行球戲時，族團與族團相對抗。 每邊選出最好的球員入場，其他各分子站在場中兩邊，作壁上觀，幷賭勝負。 二 在部落的議會中，每個族團的酋長和元帥彼此相對而坐，每一發言者稱呼各族團的代表如稱獨立的團體一樣。 三 如遇部落中犯出殺人案件，謀害者與被害者各屬一族團，則被害的氏族往往陳訴於牠的兄弟氏族。 這些兄弟氏族於是便召集族團議會，以團體名義向對方族團交涉，以促對方召集議會，使案件得以和平了結。 在這種情形之下，族團重新表現其原來的氏族功能，幷較其新生的弱小氏族——牠的女兒——更有成事的把握。 四 凡著名人物舉行喪葬時，對方族團送禮致吊，而死者的族團則主持喪事，如居喪者。 如果一個酋長病故，那末對方的族團通報伊洛克部落的中央議會，說這個酋長已經出缺。 五 常選舉酋長時，族團議會亦起作用。 普通，兄弟氏族的認可，成爲事實上所必然的，但他族團的氏族或起來反對。 凡遇到這種事情，這族團的議會召集開會，倘若仍被否決，則選舉無效。 六 從前，伊洛克有宗教上特殊的神祕聖禮，白種人稱之爲藥房 (medicine lodges)。 這種神祕聖禮，在山內客舉行於兩個宗教會社中，這兩個會社各有特殊的新社員入社儀式；每一族團卽以其中的一個會社做代表。 七 倘若當被征服時寄住於托拉斯加拉 (Tlascalá) 四塊地方的四族卽是四個族團（這是差不多可以肯定地說），那末這又證明了族團同時是軍事上的單位，彷彿如希臘的族團及日耳曼相似的兩性組織。這四族中每族到戰場上如獨立的團體，有特殊的服裝，旗幟和自己的領袖。

恰如幾個氏族組成族團，部落的古典形式卽以幾個族團合族而成。 有些地方，中間的團體——族團——在很衰落的部落中不存在的。

一 美洲的印第安部落之組織又怎樣呢？ 有特殊的區域和特殊的名稱。 每個部落居留所的近旁，有廣大的漁獵場所。 在這些場所以外，再有一寬廣的中立地帶，以與鄰居的部落為界。 凡語言相似的部落間，這分界的地帶較狹，語言不通的部落間，這地帶較廣。 這種地帶等於日耳曼民族間分界的森林，凱撒時的蘇伊維 (Suevi) 在他們的邊界上所設的荒地， 丹麥人和日耳曼人間的『伊沙霍爾特』(isarnholt, 丹麥文 jarnved, 拉丁文 limei Danicus)，撒克遜的森林 (sachsen wald) ，和勃蘭登堡 (Brandenburg) 省名所從出的斯拉夫和日耳曼民族間之斯拉夫的『勃蘭已鮑』(Slavish branibor)。 在這中立地界內的土地是某一部落的公共財產，并為其他部落所公認，不准外人侵佔。 邊界不確定的缺點，實際上祇等到人口大大地增加以後，才感覺其重要。

部落的名稱，似乎不是故意的選擇，而是偶然的結果。 久而久之，往往一個部落給鄰居的部落一個別號，而不稱牠自己所擇的原名。 日耳曼民族卽以這種情形首先從色勒特民族得到其歷史上的名稱。

二 這部落有其特殊的方言。 實際上，部落本身與其方言彼此相依發展。 如在美洲，由分化而起的新部落和新方言的形式，一直演進到現在，可信這種分化還要繼續發展。 如遇兩個弱小的部落併成一個，則在同一部落中通行着兩種有密切關係的方言，這是例外的現象。 美洲部落的平均人口不到二千。 但是齊洛基 (cherokees)，人口達二萬六千左右，這是在美國印第安部落中說同一方言的最大一個。

三 有嚴肅任命氏族所選出的酋長和元帥的權。

四 有罷免他們的權，甚至可以違反本氏族的志願。 因酋長和元帥是部落議會中的委員，故部落有這些權力是很明顯的。 若部落間組織聯盟，且各部落均有代表出席聯盟議會，則這個議會行使上述的職權。

　　五　部落中有共同的宗教思想（神話）和宗教的禮節。『美洲印第安民族是一種半開化式的信教人民。』他們的神話尚未澈底考究出來。 他們把自己的宗教思想——各種各色的鬼神——都具體化為人形，但因為他們尚留滯在半開化的低段，所以尚不知道所謂偶像一類的東西。 這是後來進化到泛神論 (pantheism) 的自然及元素的崇拜。 各個部落有常年的宴會， 宴會中有特定的祈禱形式，即跳舞和各種遊戲。 跳舞，特別是一切宗教儀式中的主要部分。 每個部落的典禮，都各自分頭舉行。

　　六　辦理公共事業的部落議會。 這議會即以各氏族的一切酋長和元帥合組而成，他們是真正的代表，因為他們可以隨時撤換。這個議會開會時完全公開，四圍繞以部落中其他人員，他們都可參加討論，且得提出要求。 於是，部落議會作一最後的表決。 通常無論何人出席這個會議，他的要求總有提出考慮的機會。 女子也得提出她們的意見，請人代她們發言。 在伊洛克部落中，最後決議必須得全體一致的同意纔可通過，這與幾個日耳曼邊寨的公社通過決議案的方法相似。 至於和其他部落的交際往來，尤其是部落議會的特殊職務。 議會得款待外來的公使和遣派自己的公使出去，且得與他部落宣戰與議和。 參加戰爭大都為志願兵。 『理論上，一部落未曾和其他部落訂立和約時都認為宣戰時期』。

　　討伐這種敵人的軍隊普通為某某著名的戰士所組織。 先由他們組織戰爭跳舞會，誰願參加跳舞，誰即後來宣告他參與出征的志願。 於是排定行伍，馬上出發。 領土受人侵略時，防禦的戰爭通常也由自願兵擔任。 軍隊出發與凱旋時，往往即舉行宴會。這種出征的軍事行動，不必得部落議會的許可，既不請命，又不受命。 這種軍事行動和塔錫塔斯所描寫的日耳曼部落的私人出征相似。 不過這些日耳曼部落已具有較永久的性質,成爲和平時常備的中心軍隊,等到戰爭時,卽以志願軍添補於它的周圍。 這種軍隊在數量上並不多。 印第安民族最重大的出征,雖長途的遠征,也不過開出小小的軍隊而已。 倘若一次大征伐中,有多方軍隊參加,則每隊仍須服從他自己的領袖。 這些領袖合組一個議會,盡量謀軍事計劃的一致。 這就是馬裘陵納斯(Ammianus Marcellinus)所描寫的第四世紀在萊因河上流(Upper Rhine) 的亞蘭馬尼(Allemani) 的戰爭方式。

七 在有些部落中,我們又找到一個元首,但他的權力卻有限制。 他是酋長之一,他的議會未舉行開會和表決前,可對於緊急事情等劃臨時的決定。 他是代表一種帶有行政權力的官吏之微弱的,且通常又是未發展的萌芽。 這種握有政權的官吏,我們將來可以看到,大半是從軍事上的最高首領發展出來的

大多數的美洲印第安土人,未曾越出部落聯盟的範圍。 他們有幾個人數很小的部落,有很廣大的邊界地帶把他們分離開,他們的力量因不斷戰爭而減削着,他們所佔的地帶是很大的。 部落聯盟隨時以一時的需要由有血統關係的部落組織起來,又於環境改良時再行解散。 但在有些區域中,同血統的部落,重新於分散後再組成永久的聯盟,走向形成國家的第一步。 在美國,我們於伊洛克人中找到這種聯盟的最高形式。 他們從原來的居留地密西西比河(Mississippi)的西岸(他們大概在這塊地方形成了一個達柯它(Dakota) 大族的支派)至少經過長期的漂泊,最後停留於現在紐約州。他們共有五個部落:山內客(Senecas) ,開由格(Cayugas) ,阿龔達格(Onondagas) ,阿內達(Oneidas) 和模霍克(Mohawks) 。 他們以魚肉,鹿肉和園藝的粗饌爲食品,居於以木柵防範着的村莊中。他們的人口從來沒有超過二萬,有幾個氏族爲這五部落所公有。他們說的是和一種語言(language) 很有密切關係的方言(dialect),且彼此毗連而居。 因這塊地方是征服得來的,當然這些部落必須

一致團結，以與從前被驅逐的居民對抗。這樣一來，早在十五世紀初葉，就促成了一個『永久的聯盟』(eternal league)，這是立誓約的同盟，它立刻恃戰勝的威力具有進攻的性質。約在一六七五年，當牠全盛時期，牠已在四圍征服了很多地方，一部份驅逐其居民，一部份變成牠的附庸。伊洛克聯盟是未從半開化低段進化出來的印第安土人（除墨西哥人，新墨西哥人和祕魯人外）之最進步的社會組織。

這聯盟的根本規定如下：

一　這五個同血統的部落的永久聯盟之基礎，築在部落中一切事情完全平等與獨立之上。血統關係成為聯盟的眞正基礎。內有三個部落稱為父親部落，彼此互以兄弟部落相稱呼；其他二個部落也互稱兄弟，叫做兒子部落。三個最老的氏族遍存於全體五個部落中，而這些分子間彼此統稱兄弟。另有三個氏族仍存留在三個部落中，且各分子間亦互稱兄弟。他們語言相通，僅於方言中稍有差異，這是表現并證明他們出於同一的祖先的。

二　聯盟的辦事機關是一個聯盟議會，為五十個酋長合組而成的，他們的地位和聲望都一律相等。這議會對於聯盟中一切事情都有最高的決定權。

三　這聯盟的設立，卽於各部落和各氏族中指定五十個酋長為特別執掌聯盟職務的專員。酋長出缺時，由氏族選舉新的酋長遞補，且他們都可隨意撤換。但授職的權，則屬於聯盟的議會。

四　聯盟的酋長同時是本部落的酋長，并於部落議會中有他們的位置和他們的表決權。

五　聯盟議會的一切決議，必須全體一致通過。

六　投票表決以部落計算，故各部落和每部落的議會會員必須共同投票，以得最後的決議。

七　五部落中無論那一個都可召集聯盟議會，但聯盟議會本身不能召集。

八　聯盟的會議都公開舉行，有廣大民衆參加。　個個伊洛克人都可發言，但最後表決權則屬於議會。

九　聯盟中並無首領，無執行的領袖。

十　但是牠有兩個最高的軍事首領，這二人都有同等的職務與權力（如斯巴達的二「王」，羅馬的二大執政官（consul））。

這是聯盟制度的全部，在這制度之下，伊洛克人過了四百年以上的生活，且現在仍是這樣。　我根據莫爾根把這制度描寫得更詳細些，因為我們得乘此機會以研究沒有國家前的社會組織。　國家的成立，必先有脫離民衆集體之強制的公共的權力。　有正確的直覺的毛雷（Maurer），承認日耳曼鄉村公社（German Mark）的組織為純粹的社會組織，雖成為後來立國的基礎，却和國家的組織很有不同。　故他在一切著作中從原始的公社（marks），村莊（villages）農莊（farms）和市鎮（towns）的組織中找出強制的公共的權力從它們中間并同它們并行地逐漸發展來的過程。　北美印第安士人，表現原來連成一片的部落怎樣散佈於龐大的地面上；部落怎樣由分裂而變成民族（nations），成為諸部落的整個集團；語言怎樣改變，以致他們不僅彼此不相通，且又完全失了昔日統一的痕跡；同時一個氏族怎樣分裂為幾個氏族，老大的母親怎樣保留於族團中，又這些最老氏族的名稱怎樣仍於相距很遠和分裂很久的部落中存在着。狼和熊仍舊是印第安大多數部落中的氏族名稱。　上述的規定，大致適用於一切印第安部落，祇有那些尚未達到組織聯盟的部落還是例外。

但若一旦承認了氏族是一個社會的單位，我們又可看出氏族，族團和部落怎樣必然地（因為是自然地）從氏族發展起來。　這三者在血屬關係上是不相同的集團。　每個都能自足，治理自己本地的事情，并輔助其他集團。　總合他們這些職務，即成半開化低段人民的公衆事業之全部。

無論在什麼地方，只要我們看到氏族是一民族的社會單位時，我們就可去找一下如以上所述的部落組織。再無論什麼時候，只要手裏有充足的材料，如關於希臘和羅馬的歷史，我們不僅可找到這種組織，且以此和美洲的兩性組織相對照能幫助我們於這材料所不能解釋的地方打破疑團并走出迷陣。

這個氏族制度是何等自然簡單的組織呀！沒有兵卒，憲兵與警察；沒有貴族，王侯，總督，知事或法官；沒有監獄，又沒有訴訟；而一切事情，却能順利進行。一切口角與爭論，都以有關的全體氏族，或部落，或是其中的幾個氏族共同解決。祇有在極稀罕的事變中，才有血屬報仇的極端行動的發生。現代的死刑不過是它的文明的形式，附帶有文明時代一切利害的行動罷了。現代錯綜奧妙的行政制度，彼時沒有絲毫採用的必要；雖是待解決的公衆事務，却比現在還要多些：公有的宅產為許多家庭所共享；土地屬於部落，祇菜園暫時分給各個住宅。任何問題發生，與這問題有關的各方面自己起來解決，且數百年根深蒂固的傳統習慣對於個個問題都事先給了解決。顚憐無告鰥寡孤獨的人是不會有的——共產主義的住宅和氏族中人人都懂得扶助年耄，疾病和殘廢者的義務。一切都是自由和平等的——婦女亦在自由平等之列。此時尚無奴隸，也無壓迫外族部落的舉動。約在一六五一年，伊洛克人曾滅伊利 (Eries) 和「中立民族」(Neutral Nation)，他們建議以平等的條件收容他們加入聯盟。祇等到後者拒絕這個建議時，才被驅逐出境。

這種社會所產生的男女是何等光榮呀！一切與這些未被污損的印第安土人接觸到的白種人，無不稱美這些半開化人民：人格崇高，態度坦白，意志堅強，而任事勇敢。

我們近來又於非洲得到關於他們的勇敢的實例的證明。數年前的祖拉斯 (Zulus)，數月前的奴皮安 (Nubians)，這兩個部落中仍存留着氏族的組織，他們竟能幹出歐洲軍隊所不能幹的事情。他們僅以槍矛為武器，並沒有什麼鎗礮，能於鎗林彈雨中，勇往直前，自與英國步兵——世界上最善於密集步隊的戰鬥的軍隊——的復膛鎗相射擊，一直與其短兵相接，不止一次地使他們潰亂，強迫他們退却，雖是他們的武器很差，他們沒有軍事上的服役，并不知操練。 他們怎樣堅忍和能幹，可於英國人的驚嘆中得到證明。他們承認一個卡匪人 (Kaffir) 能繼續跑二十四鐘點的距離，比馬還要快些。 這個微小的肌肉一躍而起，又堅又粗糙，彷彿如鞭索：這是一個英國寫眞家所說的話。

這就是沒有階級時的人類社會與這社會中的人員。 拿這種社會環境和現社會大多數的社會環境一比較，即顯出一條鴻溝，這鴻溝把現代的無產階級和小農和古代自由的氏族人員隔離了。

這是問題的一方面。 但我們切不可忽視這種組織的沒落的運命。 這種組織並沒有超出部落以外。 部落的聯盟成爲牠開始崩壞的朕兆，這一點我們以後還可以看到，且在伊洛克人征服他人的企圖上也已經表現了一些。 無論什麼，假如牠超出部落的範圍以外，就等於軼出了氏族制度的正軌。 沒有直接訂立和約的地方，卽是部落與部落間戰爭不息的地方。 且這種戰爭異常殘暴，（這是使人同其他動物不同的地方），不過後來僅根據自己的私利綏和一點形式罷了。

如我們已在美洲看到的極盛時期的氏族制度，告訴我們它們的生產狀況，是很不發達的，因此，人口很稀薄地散佈於廣大的地面上。 人類差不多完全爲自然界所統治，自然界對他是一個奇怪而不可測度的東西。 他的簡單的宗教思想很分明地反映出這一點。部落還是人的界限，不論是對於自己講或對於外人講。 氏族，部落和他們的一切制度，都是神聖不可犯的。 這些東西是自然所賜予的太上權力，個人的感覺，思想與行動，都無條件地服從它們的。雖是在我們看來，這時代的人都很超越，但他們彼此間却沒有什麼差別。 正如馬克斯所說，他們還是繫在原始共產社會的臍帶上的。

這些自然共產社會的權力不免要崩壞，而事實上是已經崩壞了的。　但是，促成牠崩壞的勢力，劈頭便是帶有古代氏族社會單純的道德的偉大之墮落和淪亡的表徵。　新的階級制度，發軔於極下流的衝動：鼠貪，獸慾，寡廉鮮恥，私搶公產。　古代無階級的社會，已被極卑鄙的手段——明搶暗奪，奸巧叛變——所破壞，以致消滅了。　這新生產的社會，在牠數千年的全部歷史中，從來沒有別的，祇是極少數人因掠取被剝削和被壓迫的多數人之利益而發育滋長罷了。　這事實，在現在尤其正確。

第 四 章
希 臘 的 氏 族

希臘，佩拉司祺（Pelasgians；按卽古時居於希臘和小亞細亞邊境的民族——譯者）和其他出於同一部落根源的民族，都在有史以前，和美洲土人具有相同的組織系統：氏族，族團，部落，部落聯盟。 族團或可沒有的，例如陀里亞人（Dorians）；部落聯盟或可不很充分發展的；但氏族則到處總是組織上的單位。 希臘人當進入歷史時期時，已跨上文明時代的門檻。 上述的美洲部落和希臘人間橫着兩個完滿的進化時期。 （卽說所指的希臘人是在文明的初期，而伊洛克人則在半開化的低段，中間橫着半開化的中段和高段——譯者）英雄時期的希臘人就比伊洛克人上前這麼許多。 因此希臘的氏族不再保存有伊洛克的古風了。 羣體婚姻的形跡已經模糊不淸了。 母權亦已爲父權所代替。 勃興的私有財產，就已爲氏族制度的第一個罅隙。 第二個罅隙又自然地跟隨第一個而起：父權現已鞏固，富家承祀的女子於結婚時就將財產落入丈夫的手裏。這就是說她的財產從自己的氏族轉移到了丈夫的氏族中。 若要避免財產的轉移，氏族規律的根基必須破壞。 在這種情形之下，爲要保持財產於原來的氏族中，女子不僅准許且必須嫁於族內。

根據格羅特所著的希臘史（Grote's History of Greece），亞的加（Attica）的氏族所持以團結的有如下的連繫：

一 共同的宗敎儀式和敎士，是完全以拜禱某種鬼神而成立，這鬼神就是氏族中所公認的祖先，族人按其能力而給他以別號的。

二 公共的葬地。 （參看 Demosthenes' Eubulides.）

三 財產互承權。

第四章　希臘的氏族

四　遇不測時，有彼此扶助與保護的責任。

五　在某種情形之下，有族內結婚的相互權利與義務，特別是孤單或承祀的女兒。

六　財產的公有，至少是在某種條件之下是公有，并選舉總監（archon; 或稱地方長官——譯者）和會計以盡專責。

族團以聯合數氏族而成，但彼此的連繫頗鬆懈。我們於族團中亦可找到相似的權利和義務，特別是共同的宗教儀式和為族團中的死者報仇之義務。再，每部落中的一切族團還有些共同的宗教節，定期舉行，并以自貴族 (eupatrides) 選出的部落首領 (phylobasileus) 主持慶典。

格羅特的話已完了。馬克斯加上說：「這類野蠻人（即指伊洛克人）仍可於希臘的氏族中很明顯地看到。」再進一步地研究，我們又增加了一些證據。希臘的氏族尚有如下的特性：

七　父權。

八　禁止氏族內部通婚，惟承祀的女子則不在此例。這個例外，如法律一般定出的顯然證明舊法的通行。這更可以下列普遍通行的風俗再作一度的證實：婚嫁的女子須放棄本族的宗教儀式而接受丈夫氏族的儀式。她又須登記於丈夫族團的宗譜中。根據這個風俗和迪卡卓斯 (Dikaearchos) 一段著名的引語，族外通婚是一般的法則。培觀 (Becker) 則直接於查理克拉斯 (Charikles) 一書中斷定沒有一個人可以族內通婚。

九　收納外人入族權，以公開的形式收受外人入族；但這種權利的使用是不常有的。

十　總監的選舉和罷免權。我們知道每一個氏族各有牠的總監。至於該職是否可以世襲，則無可靠的消息。直至半開化時代的終點，不能有嚴格的世襲的觀點，是比較可靠的。因為這種世襲是和氏族中貧者富者都完全有平等權利的條件絕對相反的。

看不清氏族的，不僅格羅特一人，還有尼布爾 (Niebuhr)，莫姆遜(Mommsen)和一切研究太古社會的歷史家。 雖然他們列成許多年表，能正確地指出氏族變遷的特徵，但他們常常以爲氏族是家庭的集體，因此便不能了解氏族的性質及其來源。 在氏族制度之下，家庭不獨向來不是組織上的單位，且卽要使牠如此，事實上亦屬不可能，因在這制度下夫婦必須屬於兩個不同的氏族。 氏族完全是族團的成份，族團完全是部落的成分。 但是家庭則一半屬於男子的氏族，一半屬於女子的氏族。 國家也不在公法上承認家庭。 直在現代，家庭僅於私法上有牠的地位。 可是一切歷史上的紀載都拿荒謬的臆斷做了它們的出發點，這種臆斷在十八世紀時幾乎是無敢抗辯的，牠說一婦一妻制――與文明時代年紀不相上下的制度――是社會與國家藉以漸漸凝結的核心。

馬克斯說：『請格羅特君再留神一點，從神話中找求氏族的希臘人的氏族却比神話還要古些。 這些神話和其中諸神與半神統通是氏族所創造出來的。』

格羅特是莫爾根認爲出色的和十分可靠的證人。 他說：每個亞的加氏族都根據其所公認的祖先，取得一個名字。 在梭龍時期(Solon's time) 以前，甚至以後，氏族中各分子都來繼承死而無遺囑者的財產，這種擧動已成習慣。 又如遇到暗殺的事件發生，被殺者的親屬首先有追究罪犯的義務和權利，次則氏族人員，最後則及於族團人員。 『我們於最古的亞的加法律中所知道的無論什麽東西都以氏族和族團的組織爲基礎。』

氏族由共同的祖先蕃殖下來的事實，使『書獃子們』――馬克斯說的――越發糊塗起來。 把這種蕃殖看作純粹是神祕的他們，就不能解釋氏族怎樣從獨立而毫無連繫的家庭中發展得出來。 但若要解釋氏族的存在，他們必須有這種解釋。 於是，他們就在毫無意義的模糊語中兜圈子，終久逃不了這句老套話：宗譜確是一種神話，但氏族總是眞實的。 最後，格羅特大喊道（引句中括弧裏的字是馬克斯的評註）：『關於這一類宗譜我們很少聽見，因爲牠僅僅在幾個難得的宴會中纔公開使用。但是較不著名的氏族却有他們共同的宗教儀式（格羅特君！好稀奇呀！）和共同的神祇與宗譜恰和較著名的氏族相似（格羅特君！這個較不著名的氏族中多麼稀奇呀！）；且它們的基本計劃和理想的基礎（我的親愛的先生！不是理想的，而是肉體的罷！德文的 fleischlich 吧！）都是一律相同的。」

莫爾根對於這些話的回答，馬克斯把牠總括如下：「類似氏族的原始形式的血統制度——希臘人也和其他人類一樣，曾有這種氏族——還保存着關於氏族中各分子彼此關係的認識。他們於兒童時期就早早從實際的生活中學得這重要的認識了。到了一夫一妻家庭降生時，這種認識就漸漸忘掉了。在創造宗譜的氏族的族姓前，一夫一妻的名似覺不足輕重的。現在族性對於本族的人卽有回憶他們的共同祖宗的作用。但歷時過久，氏族的宗譜陳舊不堪，除晚近支派中一個小範圍以內，使族人不能確定彼此間的血統關係。族性的本身通常足爲同宗的明證，祇有收納入族的人不在此例。如格羅特和尼布爾那種態度來認眞辯論氏族間一切的血統關係，把氏族變成一個純粹憑空亂想的假設和幻想，眞不愧稱爲「理想」的科學家——蛀書蟲。因各代的關係隔離過遠，尤其在一夫一妻制發生之後，使過去現實似乎祇是空想的反映，以至勇敢的庸俗的先生們就斷定說，空想的宗譜創立了眞實的氏族！」

族團卽是一個母族包括着幾個女族，而往往推源返本，一切都歸根於同一的祖先：這就是在美洲土人中所見到的情形。據格羅特所說，「黑楷台渥斯 (Hekataeos) 族團中的一切同時期的人員都是同一神聖元祖的十六代子孫。」荷馬又說：族團是一個軍事的單位，見於著名的納斯脫 (Nestor) 勸告亞敢曼農 (Agamemnon) 的一段文章中：「把這些人編成族團和部落，使族團得以幫助族團，而部落又得以幫助部落。」族團有爲被害的團員追究兇手的權利和義務，所以在古時必是血屬報仇的義務。此外，族團中有共同宗教的儀式和宴會。 事實上，從昔時亞利安的崇拜自然傳統下來的全部希臘神話之發達，大都歸功於氏族和族團，且也是滋生於這兩者之中的。 族團中有一長官（團長 phratriarchos），且據台枯蘭（De Coulanges），族團又有集會，及約束的決議，立法與行政等等。甚至晚期的國家，雖否認氏族，但也給族團保留一些公共的職能。

部落包含幾個同血統的族團。 亞的加民族中，共有四個部落，每部落有三個族團，族團有三十個氏族。 這樣齊整的團體的區分，表現出對於自然發生的秩序上必有有意識的和有計劃的修改。至於怎樣，何時，何故造成這樣的區分，則在希臘史中不能有所發現。 蓋希臘人本身對於歷史的回憶也不能超過英雄時期。

希臘人既這樣緊密地居於一較小的區域中，故他們方言的差別不至如在美洲的廣大森林中所發展的那樣明顯。 但卽在這裏，我們看出祇有屬於同一主幹方言的部落纔合併成一更大的組織。 小小的亞的加有其固有的方言，這種方言後來就成為希臘文中的通行語言。

在荷馬的敘事詩中，我們常常可看出希臘的部落合成幾個小民族，但他們的氏族，族團和部落仍保持其完全獨立性。 他們已經住居在城牆防堵着的市鎮中。 人口的增多隨着家畜的蕃殖，農業的發達，和手工業的開始而發展。 同時財富的差別日益顯明，於是在古昔原始的德謨克拉西中發生了貴族的分子。 這些小民族，為着佔領最好的土地和攫得戰利品，引起彼此間不斷的戰爭。 俘虜的奴隸制，此時已完全成立了。

這些部落和民族的組織如下：

一 議會（bule）。這是一個永久的執政機關，最初是由氏族的總監組織起來的，但後來因他們的數目增加得太多，就採用使貴族的分子得以滋長和鞏固的選舉方法。 第昂尼修斯（Dionysios）則公然說英雄時期的議會無異由貴族（kratistoi）一手包辦的。 議會對於一切重大事件都有最後決定權。 如愛雪洛斯（Aeschylos）文中

之梯培斯城 (Thebes) 的議會，決定愛梯盎克爾 (Eteokles) 的尸體要冠冕堂皇地安葬，而波列尼克 (Polynikes) 的尸體則投給狗饒吞食。等到國家發生時，這種議會就變成立法的上議院 (senate)。

二　民衆大會 (agora)。　我們已看到伊洛克人不分男女地到議會裏旁聽，幷秩序井然地參加發言，影響這議會。　在荷馬時期的希臘人中，這種旁聽已發展成一種完全的公民大會。　古昔的日耳曼人也有同樣的情形。　公民大會是由議會召集。　人人都有發言權。　最後表決以舉手或呼喊爲標準。　這個大會的決議就是不可更易的最後決定。　修曼 (Shoemann) 在希臘古史 (Antiquities of Greece) 中說着：『無論何時，討論一件必須民衆共同執行的事件，荷馬並沒有指出什麼方法，可使民衆強從而違背他們的志願。』這是很明顯的，當部落中個個身體健全的人都是戰士的時光，還沒有與民衆分離的公共的權力，可利用之以違反民意的。　原始的德謨克拉西還佔有全權地位，且以這個標準決定議會和軍事首領 (basileus) 的地位與勢力。

三　軍事首領 (basileus，下稱「巴錫留」)。　馬克斯有如下的評註：『大部份生爲公候僕役的歐洲的科學家，他們把巴錫留看作近代的君主。　「楊基」共和國中的莫爾根 (按楊基原文 Yankee 卽外人給美利堅合衆國人民的別號——譯者) 却反對這種看法。他對於油滑的格拉特斯登 (Gradstone) 和他的少年世界 (Juventus Mundi) 說得雖很諷刺，但頗合眞理：「格拉特斯登君在他的讀者面前把英雄時期的希臘首領當作王與公候看待，且粉飾上一些君子的禮貌，可是他又不得不說：一般地說來，我們似乎有充分的但又不十分分明的長子世襲的風俗或法律。」實際上格拉特斯登君自己必定也知道長子世襲的話和「充分……但不十分明顯」的字句連接起來，就等於無意義。』

我們已於伊洛克和其他印第安土人中看到世襲的定律怎樣應用於酋長 (Sachems) 和元帥 (Chiefs) 等官職了。　一切官職必須經過族人的選舉，因此那種世襲實是氏族的世襲。 一個遺缺往往由死者的次親——即兄弟或姊妹的兒子——繼任，否則，必須有特別好的理由。 在希臘的父權之下，巴錫留的職務通常落入兒子或諸子之一手的中，這事實僅僅指示公衆選舉有的相承的或然性是有利於他的兒子的。 這不能說就是一種法定承襲而無須乎民衆選舉的。我們在這裏僅僅於伊洛克和希臘人中看到爲希臘首領或君主世襲初階的貴族家族分化的萌芽。 所以這些事實，頗能與下列的意見一致：希臘的巴錫留或則爲民衆所選舉；或則末後爲民衆所指定的機關，議會，公民大會所批准，如羅馬王（rex; 下稱藍克司——譯者）卽屬此例。

在伊利亞特(Iliad)詩中，人民的統治者亞敢曼囊並沒有表現如希臘的國王一般，祗是通常於圍攻城邑時做聯盟軍的首領罷了。迨至希臘人民中內訌發生時，於下列沃迪西亞(Odysseus)的一段名句中所指出的就是這性質。 這名句中說：『壞莫壞於衆人的統治制度，讓一人做統治者，一人做首領罷』（關於節笏的通行詩句是至後來纔加上的）。 沃迪西亞並沒有說到政府的形式，祗說要服從大元帥。

祗要想一想，在托洛伊(Troy) 時期以前，希臘人所表現的僅屬於軍事上的性質，但公民大會的辦法是很德謨克拉西的。 講到贈品，卽分贓，阿智爾斯(Achilles) 常常不把贓品贈給亞敢曼囊或其他巴錫留，而分給民衆——總監的赤子(sons of Achaeans)。 這些爲齊烏斯(Zeus) 所遺下的，爲齊烏斯所培養的德性，並不能證明什麼，因個個氏族都是發源於某一神祇——部落首領所屬的氏族則出自一個『著名的』神祇，在這裏卽爲齊烏斯。 縱使那些沒有自由資格的人，如牧猪奴歐梅亞 (Eumaeos) 和其他類似的人，也是『神聖』得很的 (dioi 或 theioi)，這些事體甚至見於沃迪西亞，牠的時期比較伊利亞特還要晚得多。 又在沃迪西亞中，傳達員母里亞斯(Mulios) 和盲詩人德模陀各斯 (Demodokos) 同樣享受『英雄」的美名。 簡單地說，希臘的著作家用以指稱所謂荷馬時期的君主政體的「巴錫留制」（basileia；因軍事上的領導權，是牠的特徵，旁邊却還存着議會和公民大會），其實際的意義不過是軍事德謨克拉西（馬克斯）。

巴錫留除做軍事的首領之外，還有其他祭祀上的和司法上的任務。 司法上的任務沒有明顯規定，但僧侶的任務便以他的地位屬於部落或部落聯盟的領袖代表爲根據。 至於執掌民政的職務則從來沒有聽見過。 不過他似乎是議會中的名譽(ex-officio)委員。若把巴錫留譯作國王，字源學上是很對的，因爲國王 (Kuning) 這個字本來是從 Kuni, Künne, 這些字變化出來的，意卽氏族的首領。但國王這個字的今義，並非指稱希臘的巴錫留之職務。 蘇錫第德(Thucydides)很明顯他指古時的巴錫留制爲坡脫里克(Patrikè)，這就是「發源於氏族的」，且說牠有明確規定的任務。 亞里斯多德又說：英雄時期的巴錫留制是自由人民的首領制度，巴錫留是一個軍事的首領，一個法官和一個高等僧侶。 所以巴錫留並無近代政府權力的意義。 （作者原註：恰和希臘的巴錫留相似，亞士韃克的 (Aztec) 軍事首領也被誤認爲近代的王公。 莫爾根首先對於西班牙人的報告作一歷史的批評。 這些人開端把這個官職的任務誤解了而且誇張其辭，後來就故意誤解這官職的任務。 他（莫爾根）就指明墨西哥人是在半開化時代的中段，但較新墨西哥的普愛勃羅印第安人高尙一等，且據其遺跡所表現的，他們的組織曾到了這樣一個階段：三個部落組織聯盟，已把其他許多部落降爲附庸，且在聯盟議會及一個大元帥統治之下，這個大元帥便被西班牙人譯稱「皇帝」。）

卽在英雄時期的希臘制度中，我們仍找得到舊的氏族制度還是生氣勃勃的，但我們也看到制牠死命的元素亦已開始發展：父權制度和父親的兒女繼承財產的制度，便利了家庭中財產的積累，且給家庭有脫離氏族而獨立的權力，在世襲的貴族和君主制度之初步的形成中表現出來的財富的差別影響到了制度；最初僅限於戰場的俘虜的奴隸制度，已築起轉變部落和氏族的同伴爲奴隸的道路了。此外部落間舊關係的退化和以有系統的海洋上與陸地上的搶刼，以攫得牲畜，奴隸，和財帛的當爲謀生常態的行動。　簡單地說，財富被人所讚美所尊敬，儼若無價之寶，舊的氏族制度反因爲要爲財富的強奪行爲辯護被人弄糟了。　這裏所欠缺的僅有一件事：這制度不僅違反氏族共產主義的傳統而保證私人新得的私有財產，不僅把從前那樣蔑視的私有財產宣佈爲神聖不可侵犯，把對於這個神聖財產的保障看爲人類社會的最高宗旨，而且又用全社會公認的印子打到這攫取財產，不斷地增加財富的逐漸發展着的新形式上。　這制度不僅給新發生的階級的區分，而且也給有產階級剝削幷統治無產階級的特權以永久的性質。

　　這個制度已發現了。　這就是國家。

第 五 章

亞的加國家的起源

國家怎樣漸漸地，一方面由構成氏族制度的機關的變化，另一方面又以新的機關代替它們而發展起來，與最後實際國家政權的成立；由氏族、族團和部落組成的民族自衛的武裝怎樣為強制的公共的權力拿來，並藉以壓迫民衆；這齣戲劇的第一幕，我們不能在任何地方看到有如古代雅典演得這樣清楚的了。 以下所述種種變遷的主要階段悉據莫爾根的大綱，但這些階段藉以形成的經濟原因之分析則大部份是我自己增加上去的。

當英雄時期，雅典人的四個部落仍舊各處於亞的加 (Attica) 的各部。 卽這些部落中的十二個族團似乎在薩克洛 (Cecrops) 的十二個鎭中各有獨立的地位。 其社會的組織也和當時的一般情形無異：一個公民大會 (agora)，一個議會 (bûlê) 和一個巴錫留（軍事首領）。

自有成文史以來，他們的土地早已分爲私有。 因在半開化高段的最後一期中，商品的生長和其伴隨同來的貿易已頗發達。 穀類和酒與油都是主要的商品。 愛琴海 (Aegean Sea) 上的內海貿易愈從菲尼斯人 (Phoenicians) 的手中轉移到雅典人的掌握。 土地的買賣，農業與工業，商業和航海業間不斷的分工，氏族，族團和部落中的人員就迅速地混雜起來了。 族和部落的區域得容許非屬本團體的人居住，這些人雖屬同國，却是他們的外人。因爲在社會平安時，每一族團和每一部落都各自爲政，不必咨詢於雅典的議會或巴錫留。 但不屬於本族團或本部落的居民不能參與這些團體中的行政機關。

因此，各有定職的氏族機關至此紛亂不堪，就在英雄時期已有補救的必要。於是世稱爲彼賽秀斯(Theseus)所制定的制度被採用了。這一個變動的主要現象，卽是在雅典的中央行政機關的建設。一部分的事務，一向爲部落自治的，現在則宣告爲公衆事業而交給雅典的總議會辦理。這一步雅典人走得比美洲諸民族向來所走的要遠。因爲各自治部落的簡單聯盟現在爲統轄諸部落的集團所代替了。第二個結果，則爲站在各部落和氏族底合法的傳統上的一般的雅典的法律。這種法律給雅典的公民得在他人部落底領土中也享受某種特權和法律上的保障。這就是對氏族制度的另一打擊；因爲這爲不屬於亞的加部落的且完全和雅典的氏族制度毫無關係的公民開出一條入門的途徑。

所謂賽秀斯制定的第二個制度，卽是不顧氏族，族團與部落，而把全氏族分成三個階級(classes)：貴族(eupatrides)，農民(geomoroi)和商人(demiurgoi)。在這新制度中，貴族獨亨祿位的特權亦已包括進去。除這種特權以外，這新的區分鮮有別的作用，因爲牠並不曾創立階級間任何法律上的差異。但這種區分不可忽視，因牠能把暗中發展着的新的社會原子指示給我們看。這表現出：氏族的官職委諸少數家庭的慣例已變成事實上莫敢侵犯的特權了；這些因富得權的家庭開始越出氏族的範圍而組成一個特權的階級了；幷且這新興的國家又把這種僭越神聖化了。這更進一步表現農民與商人間的分工，已足以打破舊的社會中氏族和部落的界限了。最後，牠就宣告氏族社會和國家兩方的水火不相容。這是以離間氏族中各分子，使互相仇視，幷以兩個生產部門中的一特權階級與另一赤手空拳的階級相對抗，藉以破壞氏族而形成國家的第一企圖。

應運而生的雅典底政治歷史，直至沙龍(Solon)時期，尙不大知其詳。巴錫留的職務業已額廢。由貴族隊伍中選出的總監，佔據了國家的領導地位。貴族的權勢日益擴大，終於耶穌紀元前六百年成爲不可容忍的強權。 剝奪人民自由的主要工具不外是金錢和高利貸（usury）。 雅典的貴族所住的地方爲雅典及雅典的周圍。 他們有時做海上貿易，有時又做一點海上自由刧掠的勾當，使他們發了財，把金錢集中在他們的掌握中。 從這一點，漸漸擴大的金錢勢力，如善於腐蝕的酸素一般，侵入建築於自然經濟基礎上之鄉村生活的傳統方式了。 氏族制度和金錢的統治是絕對不相容的。 亞的加農民的破產是和保護他們的舊的氏族制度的瓦解同時發生的。 借債者的票據和財產抵押——地產的抵押，雅典人也已發明了——是不顧什麼氏族與什麼族團的。 舊的氏族制度不知何謂金錢，何謂墊款，何謂借債。 惡毒無雙的貴族的金錢統治發展出一個新的法律習慣，保證債權人反對負債者，幷使富豪得明目張胆地剝削小農。 亞的加鄉間的田地豎滿了許多石碑，碑上書明其所指的土地已爲了多少錢抵押給某某人了。 其他沒有立碑的土地則大部份因抵押逾期或利息積累過多，已出賣而轉入貴族的高利盤剝者的手中了。 倘若許可農夫以自己勞動生產品的六分之一爲生活而交付六分之五的佃穀於新地主，則農夫就會感謝他的救星。 倘若賣了一塊土地仍不能付清債款，或這種債款的訂立本來沒有財產作抵的，則事件更壞了，負債者爲要滿足債主的索欠起見，不得不把自己的孩子賣作奴隸。 父親出賣孩子——這是父權制度和一夫一妻制的第一顆碩果呀！ 假如這還不能使吮血者滿足，則他們再可把負債者的本身賣作奴隸。 這就是亞的加人民中美妙的文明的曙光。

從前，當人民的生活狀況和民族制度互相一致時，這一類的結果是不會產生的。 但在這裏，這樣的結果已經產生了，可是沒有人懂得牠的原委。 讓我們稍費一點時間回頭看看伊洛克人罷。這種未得人民贊助且竟違背民意而施行於雅典人民間的事情，是爲印第安土人所夢想不到的。 在美洲的舊社會中，其向未改變的生產方式決不能在任何時期受客觀條件的影響，而發生貧富間，剝削者和被剝削者間利害不同的衝突。 伊洛克人距控制自然力的階段還遠得很，但在自然給予他們的範圍中，他們仍能治理自己的生產事業。 如遇他們狹小的田園中收獲不豐，他們的河流池沼中給魚不足，或他們的山林中野味窮竭時，他們時常知道他們的謀生方法將得到何種結果。 不論食物的供給或多或少，他們總可以維持下去。 但這種結果決不會是不可預測的社會的變革，氏族聯繫的破裂或是族人以階級利益的衝突互相鬥爭以至分裂。 生產事業祇能在一極狹小的方式中進行——但生產者總能處理自己的生產品。這個半開化生產的大優點，等到文明的過渡時期就失掉了。 要於現代人類偉大的控制自然之基礎上，和藉此而能得到的自由聯合之基礎上，爭得古代的優點囘來——這是後代的責任。

　　希臘人就不同了。 牲口和奢侈品等私有財產的誕生，引起個人間的交換，把生產品變成商品。 這就是此後全部革命的根源。等到生產者不再消費自己的生產品，而把它和他人的生產品交換時，他就喪失了他對於自己生產品的處置的權力。 他們再不知道以後這生產品將變成什麽。 生產品也許會被人轉變來反對其生產者的利益，以剝削他們，壓迫他們。 所以除非廢止私人間的交換，決沒有一個社會能夠處置牠的生產和這生產形式的社會作用。

　　自從個人間的交換成立後，生產品變成商品後，生產品對其生產者的統治表現的如何迅速，雅典人馬上就感覺到了。 與有市場性的商品生產同時並與的，又有爲了個人利益的個人的耕種土地，接着土地私有制卽隨之而起了。 同時又有和其他一切商品都可交換的通用商品，貨幣，出世了。 但當人們發明貨幣時，他們鮮有夢想到自己是在創造着一種新的社會權力，———一個迫得全社會必須向牠叩頭的普遍的權力。 正是這個出於創造者的先見和願望以外而突然出現的新的權力，帶着青春的充分的殘酷性來統治雅典人的。

　　現在怎樣辦呢？ 舊的氏族組織不僅自己證明了不能和金錢的

勝利的進攻相對抗，牠也絕對不能把這許多東西，如貨幣，放債者，負債者和強迫的討債等等，包容於牠的組織範圍以內。 然而新的社會權力業已來臨，不管是仁慈的願心或是恢復古風的期望都不能把貨幣和高利貸從地面上驅逐出去。此外，氏族制度還遭到了其他次要的失敗。在全體的亞的加人民中，氏族人員和族團人員的混雜一代厲害一代了，這尤其在雅典特別表現的明顯。 卽時至今日，雅典的公民尙不許把他的住宅賣給外人，雖是對於土地他就有出賣的權力。 各種生產事業的分工——農業，各種行業，各行業中無數的特別部門，商業，航海業等等——均因工商業的進步而益見充分發展。 現在人口按照職業分爲更確定的集團，每一集團各有其特殊的利益；因爲這種利益非氏族或族團所能保護，所以新的職司之創設便成爲必要了。 奴隸的數量已增加得很多，卽在那時已超過了雅典自由人民的數量。 氏族社會本來不知什麼是奴隸制度，故對於一切束縛這一羣奴隸的方法，他們都是們外漢。 最後，商業又吸收了許多外人到雅典居住，以求生活上的便利。 但按照舊制度，這些外人旣無公民的權利，也無法律的保障。 他們難得習慣的許可毫不做聲地混雜進來，可是還被認作搗亂的外來分子。

一言以蔽之，氏族制度已到達了末運。 社會的發展日益越出牠的範圍以外了。 牠所親眼看見的極兇險的禍崇之滋長，已無力制止。 但同時，國家却已祕密地發展起來了。 初則城市和鄉村間的分工，旣而城市各工業部門間的分工，由這種分工所形成的新的集團已創立新的機關，以謀自身的利益了。 各種各色的公衆事務處已設立了起來。 尤宜特別注意的，則爲少壯的國家必須具備牠自己的戰鬥力。 在以航海爲生的雅典人中，最初祇有海軍，藉以作短途的征伐和保護自己的商船。 當沙龍前的某一時期中，所謂「諾克拉利亞」(naukrariai) 的小縣已組織起來，每部落共有十二個。 每一「諾克拉利亞」必須建造，裝置和派人服役於一隻戰艦，並特派兩個馬兵。 這種組織就向氏族制度下雙重的打擊。第一，牠創立一種與武裝的民族之統一性不能完全融合的公共的強制的權力。第二，牠是人民為公衆服務不依照親屬團體而按住址來劃分的先導者。我們馬上就可看到這些變動的意義。

民族制度既不能對於被剝削的人民有所幫助，那他們當然祇得仰望於新興的國家了。沙龍制度就是國家給與他們的援助。同時國家犧牲舊制度以增加自己的勢力。沙龍卽以侵犯私有財產開始整套的所謂政治革命。至於當紀元前五百九十四年左右這種改革所以完成的方法如何，我們可不必管他。一直到現在，一切革命都是為保護一種私有財產而反對另一種私有財產的革命。他們決不能保護一方面而不破壞另一方面的。在法國的大革命中，封建的財產卽為保護資產階級的財產而犧牲了。在沙龍的革命中，放債者的財產不能不向借債者的財產讓步。債款被直截了當地宣告為非法。當時的詳情怎樣，我們還不很熟悉，但沙龍在他自己的詩中矜誇道：他把標記抵押的石碑從一塊一塊土地上搬去，使一切因負債而脫逃或賣身的人們得以歸回鄉里。這祇有公開地破壞私有財產纔能辦到。確實無疑的，一切所謂政治革命都是發端於為保護一種財產而沒收———也可說搶刼———另一種財產。這是絕對正確的，在二千五百年以上的歷史中，私有財產祇有藉破壞私有財產纔能保護得住。

但是現在必須找到一條道路，可使自由的雅典人民不致再降為奴隸。這起初先用一般的策略，卽是廢除使負債者賣身的契約。再則規定每人佔有土地的最高限度，使貴族對於農夫的土地不能有過分的貪求。第二步就是制度上的修改。以下幾點必須特別注意：

議會的人數增加到四百，每部落一百人。所以在這步部落還是一個基礎。但這不過是已變到新的政治體系之舊制度的殘餘。因為在另一方面，沙龍曾把人民分為四個階級，以他們的財產為標準，如土地和土地的生產品。前三階級生產品的至少限度為五百，三百和一百五十米地姆諾斯的穀 (medimnos，每米地姆諾斯等於1.16 布雪爾 bushels)。 凡土地在此限度以下或全無土地的人，則統屬於第四階級。 祇有前三階級的人能任官職；最高的官職則讓第一階級充任。 第四階級祇在公民議會 (public council) 中有發言權和投票權。 但這裏是一切官員所選舉的地方，這裏是他們所必須石重的，這裏是一切法律所創立的地方，這裏是第四階級佔多數的。 貴族的特權，在財富特權的形式中恢復了一部份，但人民有左右一切的權力。 這四個階級也成為軍隊改組的基礎。 前二階級專充騎兵；第三階級須充負重的步兵；第四階級則為負輕的和徒手的步兵，并充當海軍。 大概第四階級在這種情形之下還要領取工資的。

一個全新的原子，就這樣地納入這制度中，這即是私有財產。公民的權利和義務漸漸取決於他們地產的多寡。 無論何處，祇要財產的區分有了基礎，舊的血統關係即告終止。 氏族制度於是又遭受了一次失敗。

但按私產的多寡規定政治上的權利，還不是國家命根所托的一個制度。 牠也許對於有些國家制度的發展上是很重要的。 可是仍有很多別的國家，就是很發達的國家，並不須要這一點。 卽在雅典，牠也祇能起一些過渡的作用。 自亞列斯泰第 (Aristides) 以來一切公民都是可以佔據官職的。

在此後的八十年間，雅典的社會漸漸入於以後數世紀進一步發展的過程中。 沙龍以前之蠻橫的土地投機和地產的過分集中已受約束。 均因奴隸勞動的增加而得空前發達的，商業，各行職業和手藝成為謀生的要素了。 社會文化已進了一步。 現在雅典人不再以舊的殘酷方式剝削自己的公民了。 他們主要的是剝削奴隸和外來的買主。 動產，現金，奴隸和船隻日益增多。 在過去愚笨時期，動產不過是購買土地的工具，現在却成為最後之目的物了。佔有工商業財富的新階級現在已對舊的貴族打得勝仗了。 氏族舊制度的殘餘於是完全掃清。 氏族，族團和部落，其分子滿佈於亞的加之全部，并已完全混雜，因此已不能再爲政治上的集團了。且有許多雅典公民不屬於任何氏族。他們是已收納爲公民的僑民，但未加入任何舊的親屬團體。 此外，外來移民的數目，還不斷地增加，他們祇藉習慣上的容納就得到了保護。

同時，各派的鬥爭繼續進行着。 貴族企圖恢復從前的特權，并在短時期內奪囘了霸權，直至克雷西尼斯 (Kleisthenes) 的革命（紀元前五○九年），他們遭到最後的失敗，而氏族制度亦完全消滅。

在這個新制度中，克雷西尼斯已把舊有以氏族和族團爲基礎的四個部落丟諸腦後了。 部落的位置爲一個全新的組織所代替。這組織是建築於按住址把公民分成「諾克拉利亞」新嘗試之上。 親屬團體中各分子的關係已不重要，大家都不過是各區域的住戶罷了。新區分的不是民族，而是彊域；居民不過成爲彊域中政治上的附着物罷了。

亞的加全部分爲百郡，卽所謂「台莫依」(demoi)，每郡自治。台莫依的公民（台莫泰 demotoi）選舉長官（台莫卓斯 demarchos），理財官，和三十個執掌較小法權的法官。 他們又有自己的廟宇和神明的守護者或英雄，牧師則由他們選舉出來。 台莫依的管轄權悉操於台莫泰議會（公民大會——譯者）的手中。 正如莫爾根所正確指出的，這些自治的美洲市鎮的原型。 近代發展到登峯造極的國家，仍要歸根結蒂到在雅典所發展的新興國家的同一的單位。

合十個單位（台莫依）成一部落，但現在稱此爲地方部落，以與舊的兩性部落分別。 地方部落不僅是一個政治上的自治團體，且爲軍事上的集團。其中選出匯拉卓斯 (phylarchos, 卽部落首領)，以指揮騎兵；泰克榭卓斯 (taxiarchos)，以指揮步兵；和戎機首領，以指揮一切在部落中徵募而得的部隊。 地方部落又建設，裝置和派人服役於五隻戰船。 部落的名稱卽取自亞的加的英雄，他就是該部落的封神。 部落選出五十個議員，出席於雅典的議會。

這樣，我們就得到一個雅典的國家，受治於五百人所組成的議會。 這五百議員為所有十個部落所選出，幷代表它們的。 這議會須服從公民大會的決議，在那裏，個個公民都可參加，幷有表決權。 總監和其他官員都出席於各種行政和司法的機關。

旣有這個新的制度，又有許多的異鄉人（一部份是被解放的奴隸，一部份是僑民）入境，氏族制度的機關就在公衆事業中被代替了。 這些機關，變成了私人的和宗教的俱樂部。 但舊道德的影響，傳統的思想和民族時期的舊觀念，還遺留得很久，祗能漸漸地消滅。 在別的國家中，也顯然如此。

我們已知道國家的特點卽在和民衆分離的强制的公共的權力。那時光，雅典僅有義勇隊（militia）和海軍，均直接由人民自己設備和服役。 這些軍隊防衛外敵，幷約束奴隸（那時奴隸已佔了人口的大多數）。 對於公民，這種强制的權力，起初不過以警察的形式存在着（警察的發生時間和國家不相上下）。 所以，十八世紀天眞爛漫的法國人有一種習慣，往往不說文明的民族，而說警察的民族。 雅典人於其新國家中所設置的警察，是一種徒步的和騎馬的背弓箭者的實「力」。 這個警察隊卽以奴隸組成。 自由的雅典人認爲這種警察的服務卑鄙得很，寧願被一武裝的奴隸搶去，而不願屈身於這樣可耻的服役。 這仍是昔日民族精神的表現。 國家的存在，不能一日無警察，但牠還過於幼稚，還沒有充分的精神上的尊嚴使人家看重，而且是爲昔日氏族人員所賤視的職業。

這現已大致完備的國家如何適合於雅典人的社會條件，則明白表現於財富，商業和工業的迅速發展。 社會的和政治的組織新立足的階級區分，已不再是貴族與平民，而是奴隸與自由人，異鄉人與公民了。 當雅典的極盛時期，共有自由人男女老幼約九萬；男女奴隸三十六萬五千；異鄉人——外來人和解放了的奴隸——四萬五千。 所以每一成年公民至少當十八個奴隸和兩個以上的異鄉人。

奴隸的數目所以這樣多，可以許多奴隸同在大工廠中被督責做工的事實解釋牠。　工商業的發展，促成少數人手中的財富之積累與集中。　廣大的自由民衆日益貧困，且逼到不得不自找出路，若非於萬難中以自己的勞動和卑鄙齷齪的奴隸勞動相競爭，則祇有破產。在那時一般的情形之下，他們必然的選了後一條路。　而且因爲他們是大多數，所以他們就使整個的亞的加國家崩壞了。　並非德謨克拉西促成雅典的崩壞，如歐洲王公的捧場者和善媚的學校教師們欲以欺矇我們的那樣，却是由於奴隸制度排擠了自由公民的勞動。

　　雅典國家的起源，成爲國家組織的絕好榜樣。　因牠的產生，沒有遇到外面的牽制和內部的阻礙——披錫斯特來托斯(Pisistratos)短時期的篡奪，並未留下什麽痕跡。　牠表示一個國家的高等形式的——民主共和——直接從氏族社會中發展出來。　最後，我們對於它發展過程中之一切重要的詳情是充分知道的。

第 六 章

羅馬的氏族和國家

　　據羅馬 (Rome) 建設的神話說：最初移殖到這裏的是幾個拉丁氏族（神話中說有百個氏族），聯合成一部落。不多時，有個砂白林部落 (Sabellian tribe)，亦稱共有百個氏族相繼移殖；最後，又有第三個部落也移殖到這裏，其分子頗複雜，但亦有百個氏族。一看就見得整個的神話明示最初的形式是氏族，同時氏族的本身有時亦僅為其母族的支派，這母族依然存在原處。表面上看來，部落的組織帶有人為的表徵，但這些部落都是由同血統的分子組成，并以古時自然的非人為的部落的組織方式為模型的。且一個天然的舊部落做這三部落的核心，也未始不可能。為中間關節的族團含有十個氏族，「居利亞」(Curia)。所以，那裏總共有三十個居利亞。

　　羅馬氏族是被認為和希臘氏族相同的一種制度。希臘各氏族是同一社會單位的連續，這種社會單位的原形即我們於美洲印第安土人中所發現的；羅馬氏族當然也是這樣，我們對牠的叙述可更簡單一點。

　　至少在羅馬的最古時期，其氏族有如下的制度：

　　一　族人互有繼承權；其財富仍為族有。父權已通行於羅馬和希臘的民族無異，母權的子孫已被否認。據十二銅表——羅馬最古的成文法——親生的孩子有享受財產的優先權；若無親生子，則「阿格奈第」(agnati, 即父系的親屬) 代替之；最後依次及於族人。無論怎樣，財產仍留在本氏族中。我們在這裏看出：受財富增加和一夫一妻制的影響，氏族中漸漸採用新的法律規定。

105

這是毫無疑義的，在往昔時期，原來的族人平等繼承權開始限於阿格奈第，後來又限至親生的孩子和父系的子孫。在十二銅表中，這個次序當然是倒置了的。

二　葬地公有。　高貴的氏族克勞地亞 (Claudia)，從煉直利 (Regilli) 移殖到羅馬，就得到了一塊劃分出來的土地，幷在城中得到牠自己的葬地。　卽遲至奧古司達司 (Augustus) 時期：在條多布溝 (Teutoburger Wald) 被殺的凡拉斯 (Varus) 的首領，他的尸體運到羅馬，葬於其氏族的塋地 (gentilitius tumulus)，所以他的氏族 (Quinctilia) 仍有其自己的墳墓所在處。

三　共同的宗教儀式。　這些儀式卽著名的「氏族的薩克拉」(Sacra gentilitia)

四　氏族內不准通婚的義務。　這個似乎從來不是羅馬的成文法，但其風俗總是一向如此。據我們所知道的無數的羅馬夫婦，從來沒有一個例子表現他們是屬於同一氏族的。　遺產的法律亦可證明同樣的規律。　結婚以後，婦女放棄牠的阿格奈第特權，脫離本族的關係，牠和牠的子女不能繼承牠的父親或兄弟的財產，因不然則她父親的氏族必致喪失其財產。　這個規律祇在女子不能嫁於族內時，才有意義。

五　公共的土地。　在古昔時期，這種公共土地常於部落的土地開始劃分時得到。　在拉丁的部落中，我們看到其土地一部份為部落公有，一部份為氏族公有，又有一部份劃作宅產，這些宅產在那麼古的時候不能說是單獨的家庭。　說是羅模拉斯 (Romulos) 是把土地分給私人的首創者，約每人得地二·四七英畝 (2 jugera)。但後來我們仍可看到氏族公有的土地，更不必說為共和國全內部史中心的國有土地了。

六　族人互相保護和扶助的義務。　一切成文史僅紀載這個規律的斷片。　羅馬的國家開頭就顯示，那種使禦敵自衞的義務由此發生出來的偉大力量。　當亞比亞斯克勞第亞 (Appiuse Claudiüs) 被

第六章 罗马的氏族和国家

捕時，他的全族都爲之誌哀，卽他同族的敵人也要這樣。 當第二次普尼克戰爭(Punic war)時，各氏族共同籌劃如何贖囘被擄的族人。 但長老院(senate)禁止了此事。

七 享用族名（姓）的權利。 這個權利實行到帝政時代。被解放的奴隸，許其享用他們從前主人的姓氏，但並不因此就把族人的權利都一併給予他們。

八 收納外人入族的權利。 這先由家庭收納（和印第安士人一樣），由此連帶收納到氏族內。

九 選舉和罷免酋長的權利沒有人說到。 但因當羅馬立國的初期，一切官職，自國王以下都由選舉或推舉充任，又因居利亞的牧師亦由人民自己選舉，故我們假定關於氏族的省長(principles)亦有同樣情形，當不致有何錯誤——不管候補者自前任的家庭中選擇的規律如何通行。

這是羅馬氏族的權能。 除了已完全過渡到父權時期外，這些權能無異是伊洛克氏族的權利和義務之眞正肖像。 這裏「伊洛克依然彰彰可視」。

我們的歷史家，甚至最著名的歷史家，當他們述到羅馬的氏族時，他們的頭腦怎樣紛亂，可見於如下的例子：莫姆遜(Mommsen)於論到共和國與奧古斯丁時期(the Republican and Augustinian era)羅馬人姓氏(family names)的文章中（見於Römische Forschungen, Berlin, 1864, Vol. I.），他這樣寫着：「氏族的姓不僅爲族中一切男子所享用，逗包括一切被收納的人和被保護者，奴隸當然不在其內——但也爲婦女所享用……部落（莫姆遜把氏族譯作部落）是一種共同的組織，發原於一共同的——眞實的，假托的，或甚至杜造的——祖先，并藉共同的儀式，葬地和遺產的風俗互相聯絡。 一切自由的人（故婦女亦在其內）可以且必須有族員的資格。 唯已婚婦女之姓的規定有點困難。 但當女子祇准出嫁於本族族人時，這個困難確是不會發生的。 且我們有多種證明，說女子於一個長時期中感覺到嫁出族外比嫁於族內不便得多。 族外婚嫁 (gentis enuptio)的權利在第六世紀時仍舊是一種個人的特權和酬報。……但在古時如有族外婚嫁的事體發生，女子必須轉入她丈夫的部落中。根據古代的宗教婚禮說，婦女完全納入她丈夫的法律和宗教的團體中，并和牠自己原有的團體脫離關係，這是最可靠沒有了的。 誰不知道，巳婚的婦女都放棄牠自動的和被動的財產繼承權，使牠的族人多得點利益，而自己則轉入丈夫的，子女的和與丈夫同族者的法定團體中呢？ 又若牠的丈夫把牠如小孩子一般地收納進來，則她怎樣仍能和夫族分離呢？」（見原著第九頁至十一頁）

莫姆遜在這裏說，羅馬婦女有她們固有的氏族，本來是衹在族內自由婚嫁。 照他所說，羅馬的氏族是族內通婚，並非族外通婚的。 這個與其他一切民族的實情相矛盾的見解主要的（倘非絕對的）是根據列徵引起許多人辯論的一段文章 (Livy, Book XXXIX, c 19)。 據這段文章所說，長老院於羅馬城成立後五六八年，卽紀元前一八六年，頒佈如下的命令：

  Uti Feceniae Hispallae datió, deminutio, gentis enuptio tutoris optio idem esset quasi ei vir testamento dedisset; utique ei ingenuo nubere liceret, neu quid ei qui eam duxisset, ob id fraudi ignominiaeve esset.

意卽：法西尼亞希司坡拉 (Fecenia Hispalla) 有權處配她自己的財產，縮減財產，和族外的男子結婚，選擇自己的保護人，好比她的先夫曾於遺囑中給予她這個權利一樣；應該准許她和自由的男子結婚，且誰娶了她，也沒有什麼不端與可恥。

毫無疑義的，一個被解放的奴隸在這裏得到准許，可以嫁於族外。 這也是一樣無疑的，一個丈夫在這裏有權於遺囑中給予他的妻子於他死後可有轉嫁族外的權利。 但是究竟指那一族以外呢？

假如照莫姆遜所想女子必須嫁於族內，則她於結婚後仍留在本族。 但是，第一，必先要證實這種內婚的氏族。 第二，倘女子祗得嫁於族內，則男子也祗有在族內婚娶，不然，則根本沒有結婚了。　那末，我們達到這樣的結論：男子能把自己所不曾有過的權利遺給他的妻室。　這是法律所不允許的。　莫姆遜也很懂得這一點，所以他就作這樣的猜想：『族外通婚大概還不僅要得遺囑者的許可，且要得全族的同意』。　（見原著第十頁的附註）這不僅是冒昧的武斷，而且和那段清晰的詞句〔按卽指列微的一段文章（譯者）〕顯相矛盾。　長老院給她以這個權利，把她看作丈夫的代理人；他們顯然不能任意給她以權利，比她的丈夫所能給的多些或少些，但所給予的是絕對的權利，不得受任何限制，倘若她行使起這個權利，她的新婚丈夫不應以此感受難堪。　長老院甚至訓令現在和將來的軍事首領 (Consuls) 和民政長官 (Praetors) 保證她於行使權利時不會有何困難。　所以，莫姆遜的臆想是絕對不許可的。

再假定：女子和他氏族的男子結婚，而仍留在她自己的氏族當中。　按上面所引的一段文章，則她的丈夫必有權允許他的妻室可嫁出牠自己的氏族以外。　這就是說，他會有權力干預到完全不是他所屬的氏族的事務。　這是毫無意義的，我們用不着在此空費辭句。

那末，沒有旁的了，祗有假定這女子第一次嫁給另一氏族的男子，并從此以後就成爲她夫族中的一員。　這種情形，莫姆遜也承認的。　那末，整個的事實就馬上自見明白了。　這女子因出嫁而被拖出她原有的氏族并納入她丈夫的氏族中，她於其新入的氏族中站着一個特殊的地位。　她從此是這氏族的族員，但不是其血統上的親屬。　從她嫁入的形式便知她根本上不會再在丈夫的氏族中又受一切內婚的禁例所限制。　她被納入這氏族的家屬中，并於丈夫死亡時得繼承一部份財產———一個族員的財產。　這財產保留在這氏族，同時她必須再嫁於前夫的族人，而不得轉嫁於他族的人：這有什麼辦法比此更自然呢？　但若要做例外的事情，誰又比遺產給她的前夫授她以特權更爲名正言順呢？　當他遺給她一部份財產并同時准許她因重婚或重婚的結果把這財產轉移到另一族時，他還是這財產的所有者，所以他可直接處理他私人的財產的。 若論到這婦人的本身和她對於夫族的關係，則以自願的行動——結婚——介紹她到自己的氏族來的原來就是她的前夫。 所以，他應該是授她以權，使她得於重婚後脫離這氏族的最適當的人，這似乎很說得通的。 一言以蔽之，祇要我們拋棄羅馬氏族內婚的錯誤觀念，採取莫爾根的原始氏族外婚的觀念，這件事情就簡單而明顯了。

但仍有別的差不多得到最多數者同情者的見解。 據他們所說，列微的那段文章不過說『被解放的女奴 (liberta) 不能無特別的許可就和族外的男子結婚 (e gents enubere)，或採取任何步驟使家權喪失 (Capitis deminutio minima) 而把她轉入別的氏族』。（見 Lange Römische Alterthümer, Berlin, 1856, I. p. 185; 在這頁書上， Lange 參照 Huschke 解釋 Lievy 的那段文章）。 倘這種見解是對的，則那段文章對於自由的羅馬婦女底社會關係愈少證明，更談不到她們對於族內通婚的責任如何。

族外通婚 (enuptio gentis) 的名詞僅見於這段難得的文章中，除此以外，於一切羅馬的書本中再也找不到了。 enubere 這個字（意即族外通婚），同樣於列微的著作中僅看見三次，并且不是指着氏族說的。 羅馬婦女必須嫁於族內的幻想是由於這一段難得的文章來的。 但這種幻想終不能維持下去。 若說這一段文章專指被解放的女奴而言，則對於自由的女子 (ingenuae) 並沒有證明什麼；若說牠也適用於自由的女子，則寧可說牠自身證明了通常女子嫁於族外并以結婚而轉入其丈夫的氏族中。 這便是擁護莫爾根，反對莫姆遜的一點。

羅馬邦基奠定後約有三百年之久，而氏族的聯結還很厲害，所以高貴的氏族法平斯 (Fabians) 能得到長老院的許可，單獨出征於其鄰邑徵伊 (Veii)。 據說共有三百六十法平斯人出發，都被伏兵殺得乾乾淨淨祇有一男孩留在家中，藉以傳後。

我們已說過，氏族聯合成為族團，稱之為居利亞 (curia)。羅馬的居利亞較希臘的族團賦有較重大的任務。每一居利亞有牠自己的宗教儀式，教堂產業和牧師。每居利亞的牧師組成團體，成為羅馬的教士會中之一。十個居利亞成一部落，這部落大概原來有牠自己所選舉的首領——軍事首領和高等牧師——和其他拉丁部落相似。所有三個部落統通成為羅馬的人民 (populus Romanus)。

所以沒有一個人能為羅馬的人民，而不為羅馬某氏族的一員，亦即居利亞和部落的一員。羅馬人民的最初的制度如下：公衆事務為所有三百氏族的酋長所組的長老院 (Senata) 所主持，如像尼布耳 (Niebuhr) 所說得不錯的。因他們是氏族中的老前輩，就稱他們為「父老」(patres)，又稱他們的團體為「長老院」(senatus)，取義於「老」字 (senex)。這裏也有一種習慣，專從氏族中的某一家庭選舉酋長，這為貴族世襲的初步。這些家庭稱為高貴的家庭 (patricians)，他們有霸佔長老院的位置和其他一切官職的特別權利。積年累月，人民都承認了，這就成了事實上的特權。這個事實有傳說為之作證。據傳聞所說，羅馬人民曾把貴族的等級及其特權賜給第一任的長老。長老院和雅典的「蒲萊」(boulé) 相似，有許多事情必須得牠的最後決定，并遇較重大的事情須先經牠作初決的討論，特別是關於新的法律。這些重大事體取決於公民大會，即所謂居利亞大會 (comitia curiata)。民衆參加大會以居利亞為單位，大概由各民族選派，所有三十居利亞各投一票。居利亞大會得採用并廢棄一切法律；選舉一切高級官吏，藍克司 (rex)（即所謂國王）亦在其內；宣戰（但由長老院主持議和）；和如大理院似地審判一切關於公民處死刑的案件。與長老院和公民大會並立的還有藍克司，等於希臘的巴錫留，但無論如何不是像莫姆遜所稱的那種差不多是絕對專制的國王，(king)。〔作者原註：拉丁的 rex 等於 Celtic-Irish 民族的 righ（部落酋長）和 Gothic 民族的 reiks。好比德文的 Fürst，英文的 first 和丹麥文的 forste，這個名詞原來稱呼氏族或部落的酋長，祇看下列的事實就很明顯了：當第四世紀時光，Goths 已有特別名詞，卽 thiudans，專稱全民族的軍事首領，卽後來的國王 (king)。 在 Ulfila 的聖經譯文中，Art-axerxes 和 Herod 二人不稱為 reiks 而稱為 thiudans，同時 Tiberius 皇的帝國亦不稱 reiki 而稱 thindinassus。 在 Goths 的 thiudans，或如我們不眞確的譯文 king, Thiudareiks, Theodoric (德文 Dietrich) 之下，兩個名詞就混成一堆）]。 藍克司同時爲軍事的首領，爲高等牧師並爲某種法庭的主席。 他沒有別的任務，並沒有權力干預到公民的生命，自由，和財產，但如以將軍執行軍紀的資格或以法庭的主席行使職權的資格所執行的事體則不在此例。 藍克司的官職並非世襲的。 恰恰相反，他是由居利亞大會中選舉出來並再由第二次大會嚴肅任命的，不過大會的選舉大概就根據前任所提的名單。 藍克司且得由人民罷免，這可以泰昆尼阿斯修<u>丕布斯</u> (Targuinius Superbus) 的命運爲證。

彷彿如英雄時期的<u>希臘</u>，<u>羅馬</u>也於所謂諸王時期有以氏族，族團和部落爲基礎並由它們而發展來的軍事德謨克拉西。 不管居利亞和部落的形成帶幾分人爲的性質，這些組織總是照自己所從出的和仍環繞於四圍的社會底原原本本的模形鑄造出來的。 強有力的貴族雖已得到基礎，竦知 (reges) 雖企圖漸漸擴充他們的職權，但這些一切都未曾更改其制度上的基本性質，且祇有這一點才是重要的。

當時，<u>羅馬</u>城和<u>羅馬</u>領土以內的人口因征服而擴充，一部份由於外來的殖民，另一部份由於兼併土地而得的居民，他們大多數都是<u>拉丁</u>氏族。 這些新份子 [這裏暫不提起受保護者 (clients)] 一切都站在舊的氏族，居利亞，和部落之外，所以他們不屬於<u>羅馬</u>本部的人民。 他們都有自由的人格，得佔有地產，有納稅和當兵的義務。 但他們還沒有做官的資格，並不能參加居利亞大會，也不能被征服並加入土地的分配。 他們成爲一羣排拒在一切公民權利以外

第六章　罗马的氏族和国家

的平民 (plebs)。　但他們人數的不斷的增加，他們的軍事訓練和武裝，使他們變成了舊的本部人民 (populus) 的威脅，當後者現在緊緊地關起門來，阻止一切新分子參加的時候。　本部人民和平民間，地產似頗平均分配，而商業和工業的財富，雖還不很多，可說大部握在平民的手中。

因羅馬肇興的神話之全部根源籠罩得模糊不清——因受過法學教養的關於本題的作家那種合理主義的與實際主義的解釋與報告把牠弄得更其模糊——若要確定地說出消滅古代氏族制度的革命底時期，過程，和動機，這是不可能的了。　我們所能肯定的祇是這革命的原因起於平民和本部人民間的衝突。

藍克司塞維阿斯塔列阿斯 (Servius Tullius) 所賜予的，和模仿希臘原型的，特別模仿沙龍的，新的社會制度創立了一個新的公民大會，一切平民和本部人民可否參加大會以他們是否服役於軍隊為標準。　這樣所登記的總人口，依照產業分為六階級。　五個高等階級產業的最低限度為：一　十萬愛司 (ass)；二　七萬五千愛司；三　五萬愛司；四　二萬五千愛司；五　一萬一千愛司。　這些數目根據 Bureau de la Malle 約等於 $3,155，$2,333，$1,555，$800 和 $388。　第六階級——無產者——為那些產業較少而不當兵和不納稅的貧民。　在這個新的百人代表大會 (comitia centuriata) 中，公民照軍隊的形式編成隊伍，以百人為一排，并每百人有一票表決權。　於是會場中第一階級佔八十排，第二階級佔二二排，第三階級佔二〇排，第四階級佔二二排，第五階級佔三〇排，最後第六階級為公平待遇起見總算給牠一排。　此外還有以極富有的人組織成的十八排騎兵。　所以，共有一九三排，以九七票為最低限度的數。　那末，祇有騎兵和第一階級就有九八票了。　他們既佔多數，祇要自己一致，不問其他階級同意與否，他們就可通過任何決議案。

這種新的百人代表大會掌執前此居利亞大會所有的一切政權，

僅幾個徒具虛名的特權，不在此例。 居利亞及其所藉以組成的氏族，現在都衰頹下去，和其亞的加的原型相似，僅僅成爲私人的和宗教的團體，且在這種狀態之中，還延着長久的喘息。 但居利亞大會則馬上就廢棄了。 爲消滅舊有的三個部落起見，就採用一種四個地方部落的制度。 每部落佔領全城的四分之一，并握有一些政權。

這樣，舊日血族關係的社會秩序，卽於所謂皇權的廢弛以前也在羅馬崩壞了。 一個新的社會組織，以地域的區分和財富的懸殊爲根據的代之而興了。 這就是現實的國家。 這是以忠於軍隊服務的公民組織起來的强制的共公的權力，用以壓制奴隸和那些不能服務於軍隊幷不能有普通武裝的所謂無產者的。

最後的藍克司泰昆尼阿斯修還布斯竟以篡奪而得皇位，等到他又被放逐後，新的制度再遭修正，彼此權力相等的，兩個軍事首領 (consuls) 制度增加了上去，差不多與伊洛克的風俗類似。 全部的羅馬共和國史就在這制度中演進着：貴族和平民間之爲參與政權和分享國有土地的鬥爭，貴族之變爲大產業和貨幣所有者底新階級；這新階級對於一切爲軍役所蹂躪的小地主底土地之蠶食；這些無數新增的地面之採用奴隸耕種；結果不僅爲帝國的暴君打開門徑，且有利於其繼起的日耳曼的半開化民族之意大利人口的縮減。

第 七 章

色勒特和日耳曼的氏族

　　茲爲篇幅所限，不能論述現代於野蠻和半開化民族中所發現的多少純粹的氏族制度，也不能說到在亞洲幾個文明民族的古史中所發現的這種制度的遺跡。　凡此種種，隨處可以遇到。　我們只要舉幾個例就可以了。　氏族雖在未被人們認識以前，已爲對此苦心曲解的麥克倫南於大體上指示出來且正確地描寫出來了。　他曾紀述這種制度行於卡兒麥克 (Kalmucks)，色加新 (Circassians)，薩模特 (Samoyeds) 和三個印度民族：華拉爾 (Warals)，馬加爾 (Magars) 和門尼襃 (Munnipurs)。　近來，考凡列甫斯基 (Kovalevsky) 對此又有紀述，他曾發現這制度於卜夏夫 (Pshavs)，雪夫塞 (Chevsurs)，斯凡業 (Svanets) 和其他高加索的部落中。　本章卽對於色勒特和日耳曼的民族之存在略加簡短的論述。

　　現代所存留的最古的色勒特法律，仍能很鮮艷地顯示氏族的存在。　愛爾蘭 (Ireland) 的氏族，自被英格蘭人殲滅以後，迄今仍於其民衆的天性上依然存在。　直至十八世紀中葉，氏族仍很穩固地存在於蘇格蘭 (Scotland)，祇因英格蘭人的武器，法律，和法庭才被踐躪了下去。

　　威爾士 (Wales) 的古法律，是在英格蘭人侵入其地的數世紀前——約當十一世紀——成立的，牠仍能表現全村落的集體耕種制度，雖其所表現僅屬於例外的和昔日所通行的風俗之殘餘。　每家有五畝地供其特別使用；同時其他一塊土地則共同耕種，其生產品則分歸各家。　雖對於威爾士的法律加以再三考究——我尙無暇及此，我的筆記還是一八六九年所寫的——恐亦不能有何直接證明，但參照了愛爾蘭和蘇格蘭的類似事實，就可無疑地說：這些鄉村公社便是代表氏族或氏族的分支的。 但有一件事已爲威爾士和愛爾蘭的法律很明顯地證明出來了的，就是十一世紀的色勒特氏族還沒有脫離對偶家庭而進化到一夫一妻制。 在威爾士，結婚後七年以內，無時不可以離婚書或通知書解除婚約。 甚至距七年的圓滿光陰還差三夜時，一對配偶仍得分離。 他們的財產就彼此分開。 由女子分成兩股，男子自擇一份。 至於器具的分攤，有很饒趣味的規律。 若離婚出於男子主動，他須將嫁奩和其他一些什物歸還女子；若女子自願脫離關係，則她所得要少些。 如已有三個孩子，男子分得二個，女子分得一個（卽年齡居中者）。 倘若女子離婚後已轉嫁他人，而牠的前夫要牠囘來，則她雖已有一脚跨在新婚夫的床上，却不得不仍從前夫。 但若男女同居已有七年，他們縱沒有做過正式結婚的預備手續，也便以夫婦看待了。 處女在結婚前的貞操，並不嚴格遵守，也無這樣的必要。 關於這一點的規定，極其輕微，而且與文明的道德相矛盾的。 當女子和人私通時，丈夫有權打她——還是丈夫打妻而不受懲罰的三種條件之一——但打了以後，他不能再有苛求，因「同一罪過，或可贖罪，或可刑罰，但不能同時並行」。 女子得以藉口離婚而不受勉強調解的理由，是很特別的：祇說男子口臭就很夠了。 奉送酋長或國王之頭夜權的贖金，在法律書上也站重要的地位。 在公民大會中，女子有投票權。 此外，同樣情形又可證明於愛爾蘭：定期結婚也是該處的習俗；若遇離婚，女子保證有自由的分明的特權，甚至有家庭服役的取償權；「正妻」和側室並存；合法與非法的孩子都毫無分別地得到其父母死後財產的一部分——這就是色勒特民族底對偶家庭的寫眞。 美洲印第安土人的婚姻法，與色勒特人比較更爲嚴格，但若我們囘憶凱撒時期的色勒特民族仍過羣婚的生活時，這是毫不奇怪的。

愛爾蘭的氏族（原文Sept; 部落卽稱 clainne, 或「克蘭」）不

第七章 色勒特和日耳曼的氏族

僅於古代的法律書中有牠的明證與紀載，且為十七世紀被派到愛爾蘭，要把克蘭的公地改為皇家的領土的英國法律家所徵實的。直到那時候，土地是氏族或克蘭的公產，但那些已被酋長據為私有的土地不在此例。當一個族人死亡，而其家產因以取消時，氏族的酋長（英國的法律家稱他為 caput cognationis）就把全族土地重新分配。這種土地的分配，大槪依據和日耳曼相似的一類規律。約五十年前，鄉村公社（Mark）是很普遍的，其中有些稱為『倫台爾』（rundale）的，現在還可找得到。一個倫台爾中的農夫，卽是個別的佃戶，他們所租的土地，卽昔日氏族的公產，至此已為其征服者——英格蘭人——所沒收的。每個農夫按自己承租的地面交付地租。但他們合併他們的土地，再按地勢與土質加以區分。這些租地——在日耳曼的摩塞爾（Mosel）河畔者，稱為『畤環』（Gewanne），——都是共同耕種的，而其產品則劃股分攤。池塘和牧場統歸公有。五十年前，還是常常重分土地的，有時每年分配一次。這種倫台爾村莊的地圖與在摩塞爾河畔或在霍舒華特（Hochwald）的日耳曼農事公社（原文 Gehöfershaft）極相似。氏族又在『派別』（faction）中復活着。愛爾蘭的農夫常組織黨派，似乎完全是根據絕對矛盾和毫無意義的劃分的，這是英格蘭人所極不了解的。這些派別的唯一目的，表面上是為羣衆的遊戲而團結起來，以求鍛鍊彼此的生活。這是已經分散了的氏族底人為的化身，是牠們近世的代替者，這種化身表示古代氏族的本性還在一種特殊形態中繼續存在着。而且有些地方，族人依舊聚居於他們的故里。比如當三十年代時（十九世紀），馬那汾（Monaghan）一個古邑中大多數的居民僅有四姓，卽他們是從四個氏族或部落（克蘭）傳下來的。

蘇格蘭氏族制度的消亡，開始於一七四五年革命被鎭壓下去之後。蘇克蘭的克蘭所代表的究竟是這制度的鍊條中之那一環子，尙待考證；但這是其中的一個環子，那是無疑的。華爾透斯各脫

(Walter Scott) 的小說把蘇格蘭高地的克蘭很分明地放在我們的眼前。 這正如莫爾根所說：「在組織上和精神上是氏族的絕妙模型，并是氏族生活對於各分子之威權的稀有寫真。……我們在他們的抗爭和血屬報仇中，在他們按族聚居中，在他們的土地公有中，在克蘭中人對於酋長的忠實和各分子彼此間的忠實中，找到氏族社會之通常的和經久的各種形態。……遺傳是按照男系的，男子的兒女留爲本克蘭中的分子，而女子的兒女則屬於他們父親的克蘭」。 從前有母權通行於蘇格蘭的事實，則可見證於辟克脫 (Picts) 的皇族，據培達 (Beda) 所說，辟克脫是照母系的。 甚至普那魯安家庭的遺跡，也和威爾士一樣地存在於蘇格蘭的人民中。 因直至中世紀，克蘭的酋長或王——他是代表昔時的公共丈夫的——若非收到贖金，有權向每個新娘要她的頭夜權。

日耳曼民族直至大移民時（西歷三百年至五百年——譯者）都在氏族的組織中，這是無須論辯的事實。 多腦河 (Danube)，萊因河 (Rhine)，維斯都拉河，(Vistula) 和北方海面間的區域，顯然祇於耶穌紀元數世紀前纔被他們所佔有。 那時候，西姆勃里 (Cimbri) 和條頓 (Teutons) 民族還在盡量地移民，直至凱撒時期，蘇比 (Suebi) 民族還沒有停留下來。 凱撒很明顯地說，他們按氏族和親屬的組織 (gentibus cognatibusque) 停留下來，且在巨利亞 (Julia) 一族的羅馬人底口吻中， gentibus （氏族）這個名詞有不能打消的確定意義。 對於一切日耳曼人，這也是一樣的。 就如他們從羅馬取得的幾省，似乎也按氏族分居的。 亞辣馬尼亞 (Alemana) 的法律書證實了在多腦河南部所得的土地居留着的人民是按氏族 (genealogia) 分佈的。 Genealogia 一字的用法和後來的 (Mark) 底涵義完全相同 (Mark 或稱 Dorfgenossenschaft, 卽鄉村公社)。 考凡列夫斯基近來保持他這樣的意見：這些『經尼勞治亞』 genealogia 是很大的宅業公社 (household communities)，土地卽分配於各社中，後來的鄉村公社亦卽從此發展出來的。 「法拉」(fara)

第七章　色勒特和日耳曼的氏族

亦是一樣的，堡根台人 (Burguneians) 和蘭戈巴人 (Langobards)：一是戈斯的 (Gothic) 部落，一是罕明腦尼的 (Herminonian) 或日耳曼高地的 (High German) 部落——就用『法拉』這個名詞指示差不多（倘非全同）和亞楝馬尼亞的『經尼勞治亞』相同的東西。　究竟這是氏族，或是宅業公社，必須有更進一步的考證，纔能斷定。

　　語言的流傳不一，使我們起了疑竇：究竟一切日耳曼人是否有共同的氏族名稱，而且這個名稱到底是什麼。　在字原學上，戈斯的 kuni，日耳曼高地中部的 künne 和希臘的 genos，拉丁的 gens（氏族）相當，且其所含的意義亦同。　出於同一根源的各種對於『女子』的名稱引導我們囘想至母權時代，這些名稱就是：希臘的 gyne，斯拉夫的 zenà，戈斯的 qvino，北方人的 kona. 或kuna.

　　再說，我們於蘭戈巴人和堡根台人中找到 fara 這個名詞，格利姆 (Grimm) 臆斷其字根爲 fisan，意卽傳種。　但我寧歸結到更明顯的字根 faran，德文 fahren，意卽騎馬或漫遊，指示遊牧隊伍中的某一明確的部份，這些隊伍當然以親屬組成的。　經過數世紀自西而東而又囘向西方漫遊的結果，這個名詞，漸漸應用到兩性團體的本身。

　　逗有戈斯的 sibja，盎格魯薩克遜的 sib，古日耳曼高地的 sippia 與 sippa，日耳曼高地的 sippe。　古昔北方人僅有這字的多數 sifjar，意卽親屬；牠的單數僅見於一個女神的名字 Sif.

　　最後，又有別的文字見於希爾特勃蘭的歌中 (Hildebrand Song)，那裏希爾特勃蘭向哈度勃蘭 (Hadubrand) 問道：『這氏族的男子中，誰是你的父親……或誰是你的親屬？』(eddo huêllihhes cnuosles du sis).

　　倘若日耳曼民族有共同的氏族名稱，這大概是戈斯的 kuni 一字。　這不僅在牠與有關係的語言之同義的名詞互相一致的事實上表現出來，且另有一個事實，這就是 kuning 一字——德文 könig，英文 king ——亦從 kuni 變化出來的，這些字本來是指稱氏族或部落的酋長。 Sibja 一字——德文 Sippe（意即親屬關係）似不值得怎樣注意的。 至少在古昔的北方人中，sifjar 一字不僅指同血統的親屬，且指婚姻上的親屬；因此這字的涵義，至少包括兩個氏族，又因此 sif 一字不能單獨應用於一氏族的本身。

在軍事的組織上，日耳曼人與墨西哥人和希臘人相似，騎兵按氏族編制，和步兵的楔形縱隊一樣。 塔錫塔斯底不決定的語句，『按照家族和親屬關係』可以這樣地解釋：到了他的時期，氏族早已不復生存於羅馬了。

塔錫塔斯的另一段話，就很決定的。 他在那段話中說：『母親的兄弟認外甥為自己的兒子；甚至有些人抱着這樣的觀念：舅父與外甥間的血統關係比較父子還要親密，所以每當須要人的担保品時，則這人的外甥比較他親生子認為還要可靠』。 從這裏我們得到一個母權的——亦即天然的——氏族之具體的證據，又據說這是日耳曼民族的特徵。 倘若這種氏族中的一人以親生子為他執行誓約的保證，而這個兒子就成為其父親毀約時的犧牲品，那末這還算是這個父親個人的事情。 但若犧牲了一個姊妹的兒子（外甥），那就觸犯了最神聖的氏族綱紀。 他的第二等親屬有保護這男孩或少年的嚴重的義務，必須對他的命案負責，或不准他出去作保，或設法履行誓約。 倘若我們不能再有日耳曼氏族綱紀的其他遺跡，就用這一段話也足以證明氏族的存在了。

可是還有別的文字見於古代北方人的歌曲中：上帝的降世(Dawn of the Gods) 和世界的窮極 (End of the World, 原文 Völuspâ) 後者是更有效的證據，因這是較晚八百年的作品。 其中於女預言家的遠見 (Vision of the Seeress) 歌中，如最近培格 (Bang) 和柏知 (Bugge) 所說的那樣，其中已有基督教原素的存在的，描寫開始大滅亡的當時一般的墮落與頹廢的一段中說：

    Broedhr munu berjask ok atbönum verdask;
    Munu systrungar sifjum spilla."

（兄弟們會互相戰鬥，彼此互成兇手；姊妹們的孩子也會破壞血統的關係。）

Systrungar 意卽母親姊妹的兒子；在作者的心目中，破壞這一方面的血親關係，其罪甚至超過殺害兄弟。 Systrungar 那個字且有修辭學上拾級法的作用，以加重說出母系的親屬。 倘若換了 Syskiua-börn （兄弟和姊妹的孩子）或 syskinasyoir（兄弟和姊妹的男孩）一個字，則效力要減輕了。這就是表明卽在海盜時期—— Völuspâ 創作的時期——母權的記憶還未消磨。

在塔錫塔斯所熟悉的日耳曼民族中，母權已轉變爲父權了。孩子爲其父親的續嗣；倘若死者無後，則男女兩方的兄弟和伯叔承祀。 母方的兄弟也得繼承遺產，這便是母權的殘遺，幷證明父權制度祇在晚近爲日耳曼民族所採用。 母權的遺跡，直至晚近的中世紀，還保存着。 縱在這晚近時期，人民對於父權似乎還覺到幾分不可靠，這特別見於農奴中。 因爲當封建諸侯要逃亡的農奴從城市歸囘時，如此奧格斯堡（Augsburg），巴塞爾（Basel）和凱塞斯勞頓（Kaiserslautern）等處，首先要有六個第二等親戚宣誓以保證他的農奴關係，這六個人都必須是母系的嫡親。 （見於 Maurer 的 Städteverfassuug 第一卷第三八一頁）

母權的另一殘遺，就是日耳曼人對於女性發生不可能的尊敬心理（羅馬人的心目中）。 貴族的女子，是和日耳曼人訂立契約之最可靠的證人。 在戰爭中，妻女被俘而貶爲奴隸的憂慮，是最能鼓動他們勇氣的刺激物。 在他們的心理中，女子總是有點神聖和先見的，凡遇最重大的事情，他們總要請敎於她。 梵埭逹（Veleda）—Lippe 河上 Bructeria 的女牧師——就是巴糙維亞人（Batavians）暴動的心靈，在這次暴動中，西維利斯（Civilis）領導日耳曼和比利時的部落於戈爾（Gaul）震動了羅馬的基礎。 女子居家，管轄一切。 據塔錫塔斯的話(如若他的話是可以相信的)，她們伴同老耄的男子和小孩，必須治理一切家務，因男子常出外打獵，飲酒與傭閒。　但因塔錫塔斯未曾說及誰在土地上耕種，且按他的明顯語句，奴隸祇須交納什一稅，並不做強迫勞動，故成年男孩似乎必須至田間做彼時小規模農事所需要的工作。

　　婚姻的形式，上面已說過，是漸漸過渡至一夫一妻制的對偶家庭。　這還不是嚴格的一夫一妻制，因富有的家庭還可以多妻。處女的貞操，普通都能遵守，這是和色勒特的風俗所不同的地方。塔錫塔斯特別熱心地說到日耳曼婚姻結合的如何神聖。　女子的私通事情，他祇於離婚的原因上說了一點。　但他對於這個問題的論述，留下許多罅隙，而且太誇張了這爲淫蕩的羅馬人底道德的鏡子。縱說日耳曼人聚居森林中時，確是罕有的道德的榜樣，但若要使他們降到其他歐洲人一般的水平線綫上，也祇須令其稍稍與外人接觸就夠了：祇有這是確無疑義的。　在羅馬人生活的急轉直下中，純潔的道德之最後殘跡的消滅，比他們忘掉日耳曼的語言還要快些。祇要讀一讀土耳的格裏哥爾 (Gregorius of Tours) 就可知道。這是很明顯的，在日耳曼的原始森林中，如羅馬那樣反常的淫蕩不能存在。這一點已十足地表現日耳曼人比較羅馬世界的高尙，更用不到過分地稱許他們的節慾與純潔了，因後者從沒有做過任何民族的品性。

　　氏族制度的後果，就是一人有繼其父和親屬的遺志保持敵愾和友誼的義務。　後來再以罰金與贖償金的習慣來代替血屬報仇。約三十年以前這種贖罪金大家認爲是日耳曼的特殊制度，但此後發現了數百氏族都採用過這種寬貸血屬報仇的辦法。　例如，在美洲印第安士人中，也有同樣的辦法，如像接待客人的義務一樣。　塔錫塔斯描寫這種接待客人的習慣的遵守（見於 (Germania, 第二一章），幾與莫爾根所說的毫無二致。

　　日耳曼民族，是否於塔錫塔斯時期已把所耕種土地固定地分割了，又他關於這問題的幾段文字應如何解釋，關於這兩點的熱烈的和不斷的爭辯，現在已成爲過去的事情了。　差不多一切民族的耕地都是爲氏族所共同耕種的，後來爲共產主義的家庭團體所耕種（這

第七章 色勒特和日耳曼的氏族

是凱撒仍於蘇比民族中所找到的事實）；實則這種耕種方法的結果，土地時常定期重分；這種定期重分耕地，直至今日尚存留於德國——等到這些事實確定了以後，等到有了這樣的證據，我們對於這個問題就可不必多費唇舌了。 於一百五十年內，從凱撒以爲屬於蘇比民族的一種集體耕種到塔錫塔斯發見於日耳曼民族的每年重分土地的一種個人耕種的轉變，確實是人人所公認的進步。 從這一階段再過渡到完全的土地私有制度，若無外來的刺激，欲於這短時期中完成，是絕對不可能的。 因此，我祇能從塔錫塔斯得到下列幾句話：他們每年改變（或重分）耕地一次，并剩下充分的土地以應公共的使用。 這是恰恰和當時日耳曼的氏族制度相符合的土地耕作和土地佔有的階級。

我對於前段的原文毫無修改，仍與前幾版無異。 可是問題的性質已起變化。 宗法的宅業公社幾乎到處存在着，（或甚至到處都有存在），爲母權的共產家庭和近代的獨立家庭間的連接物——自從考凡列夫斯基指定這一點，問題已不在『集產或私產？』如毛覽(Maurer)和魏志(Waitz)所辯論的那樣，而已經是『那種集產的形式如何？』了。 不僅蘇比人是凱撒時期的土地的公有者毫無疑問，且他們又是集體耕種的。 他們的經濟單位還是氏族呢，還是宅業公社呢，還是居兩者之間的共產集團呢，——還是這三種形式因各地的情形不同而都一塊兒存在呢——這些問題，那是尚待長期研究的。 據考凡列夫斯基的意見，塔錫塔斯所描寫的各種情形，其基礎不在 Mark 或鄉村公社，而在宅業公社，後者於很久以後，因人口增加的緣故，纔發展爲鄉村公社。

按此，日耳曼民族於羅馬時期所分佈的區域中和後來從羅馬人手中奪得的區域中之一切居留地，不能稱爲村莊，而是好幾代同居合作的大家庭，他們耕其所需的土地，并以四周的荒地和隣居共同使用。 倘若這樣說法能合於事實的，則塔錫塔斯關於改換耕地的文字就帶有農業學的意義，這就是說：這種合作的宅業公社每年耕種不同的土地，凡去年所耕的土地，今年不再耕種，或完全拋棄牠。彼時因人口稀少，可有廣大的荒地，使一切土地的爭奪不會發生。祇有等到數世紀後，家庭的人口增加，以至集體的耕種不能適應於彼時所通行的生產情形，於是宅業公社就起了崩壞。昔日的公地與牧場，依照一定形式從此分給各個單獨的家庭。耕地的分配，當初是定期變換的，但後來就把牠固定了；可是森林，牧場和水道，則仍歸公有。

按歷史上的考證，這種發展的程序似乎完全徵實於俄國。至於對日耳曼以及其他德意志的邦土，也不能不承認這種觀點比較以為塔錫塔斯時期即有鄉村公社的觀念常能給歷史上的材料有更妥當的解釋，幷對於各種難題能有更便利的解決。各種極古的文件，例如拉萊恩哈姆尼斯法典，(Codex Laureshamensis) 苟能藉宅業公社來解釋，亦能比藉鄉村公社來解釋容易得多。但在另一方面，現在又有新的困難，新的問題發生了。若要得到確定的斷語，逕須作進一步的研究。可是，我終不能否認同意於宅業公社爲一種過渡階段的可能性比較大得許多。

凱撒時期的日耳曼人或正開始有固定的住宅，或尚未達到這樣的程度，但他們於塔錫塔斯時期已有一世紀之久過固定的居留生活了。因此，生活必須品的生產大有進步。日耳曼人寄居在茅舍中；他們的衣服仍與伏居森林時的一樣原始，有粗笨的羊毛外衣和女子與富人穿的獸皮和麻布做的襯衫。他們以牛乳，獸肉，野菓爲食品，又如潑靈尼 (Pliny) 所補充的，還有麥粉羹，這是現在於愛爾蘭和蘇格蘭所常見的色勒特民族底固有食品。他們的財富，就是劣等的牲畜。母牛體小，外貌不足動人，且又無角；馬小似駒，不善快跑。貨幣，則僅有羅馬的鑄幣，用的很少。他們並無金銀的裝飾品，亦並不以這些金屬爲可貴。鐵頗少，且至少居萊茵河和多腦河一帶的部落顯然祇藉進口以應需要，而不能自行開採。路納禮的文字 (Runen script, 模彷希臘和拉丁文的)，僅當作一種暗號用，而且祇用於宗教上的巫術。（按 Runen script 約當西歷二〇〇年至六五〇年行於日耳曼人所佔領歐洲區域中，取名於戈斯文的 Runa, 意卽一種神祕的東西——譯者）以人殉道，尙很通行。 一言以蔽之，他們是正從半開化的中段進化至高段時的民族。但這些部落固然和羅馬人發生親密的關係，以致阻礙他們自己的金屬工業和紡織工業的建設，可是毫無疑義的，同時另有東北部靠近波羅的海的部落頗能發展這些工業。 在斯埭斯維克 (Sleswick) 的沼澤中所發見的軍器——一把很長的鉄劍，一件盔甲，一頂銀冑，……幷有第二世紀終了時的羅馬鑄幣——和藉殖民而推廣出的日耳曼金屬器具，都足以代表一種特等的精製品，儼如照羅馬的原型仿造的。 除英格蘭外，凡是移居至文明的羅馬帝國者，到處都使這種家庭工業停止。 至於這種工業怎樣幷駕齊驅地產生和發展起來，則舉例地說，可見於光輝燦爛的黃銅物品。 在堡根台，羅馬尼亞和在阿索夫海 (Sea of Azow) 岸所發現的標本，也許是和英國或瑞典同樣的金工廠中製造出來的，且毫無疑義地是日耳曼的原產。

日耳曼的制度也和半開化的高段相符合。 據塔錫塔斯說，酋長會 (Council of principes) 可決定一切次要的事件，幷準備提交公民大會解決的重要事件。 據我們從美洲印第安士人中所知道的半開化低段的公民大會，這會是祇有氏族召集，非由部落或部落聯盟召集的。 主治安的酋長 (principes) 仍舊和主軍事的元帥 (duces) 很有分別，恰和伊洛克相似。 酋長已有一部份受了族人的贈禮，如牲口五穀之類。 他們大都選自同一的家庭，和美洲相似。 轉向父權的過渡，也和希臘與羅馬一樣，使選舉制漸漸變為世襲制。因此，一種「高貴」的家庭漸漸從每個民族中伸出頭來。 這種世襲的貴族，大半於移民時期或稍晚時期中遭到厄運。 元帥的選舉，則完全以功績為標準。 他們沒有什麼權力，且必須嚴守紀律。軍隊中的指揮權實際上握在教士手中，塔錫塔斯曾隱隱地說到這一點。 公民大會是眞正的執行機關。 王或部落酋長為大會的主席。

民眾決定一切。 以喧嚷表示「否」，以喝采和使武器發響表示「是」。 公民大會同時又是法庭。 訟案向大會提出，幷付之表決，而死刑卽在這裏判決。 祇有臨陣退却，謀叛和強姦者處以死刑。氏族和其他分部範圍以內的案件，則取決於以其酋長爲主席的議場中，這酋長在一切原始的日耳曼法庭中祇是案件的整理者和審問者而已。 在一切日耳曼民族中，死刑無時無地不取決於公民大會。

部落聯盟，產生於凱撒時期，有些聯盟已有王。 軍事大元帥開始打算肆行霸道，如在希臘與羅馬一樣，且有時竟能達到目的。這種達到目的的霸主，不能說他就是絕對的統治者。 不過他們已開始破壞氏族的束縛了。 被釋放的奴隸，因不能加入任何氏族，平常社會的地位很低，但他們爲新王所寵，現在亦常能得到爵位，財富，與功名了。 自從羅馬帝國藉許多軍事首領征服四方，那些將軍都在許多大國中稱王之後，也有同樣的事情發生。 在法蘭康的人民中 (Frankons)，王庭的奴隸和已釋放的奴隸，起初在朝庭上，後來在全國內，都有舉足輕重之勢。 大部份的新貴族，都就是這些奴隸的後裔。

逗有一種制度，特別促成王權的發展——這就是軍事的黨徒。我們已於美洲的紅種人中看到，私人的戰鬥團體怎樣不受氏族牽制地組織起來。 在日耳曼人中，這些私人的黨徒已成爲固定的團體。一個將軍獲得盛名後，就有一羣貪得戰利品的少年戰士圍繞於他的四周。 他們立誓忠於將軍個人，而將軍亦自誓忠於他們。 他飼養他們，賞賜他們，幷按等次的原則把他們組織起來：有一衛隊和一個應付急需與短征的軍隊，又有一隊肩任較重大事業的有訓練的官員。 這些黨徒的人數必不很多，且實際上我們又於晚近意大利奧道溝 (Odoaker) 的黨徒中找到例證，可是他們仍不失爲古昔氏族社會的自由之消沉的預兆，而移民時期與其後來的事故又是以證明軍事的黨徒是禍患的先聲。 因爲，第一他們滋養了王權的發育。第二，塔錫塔斯說他們祇於不斷的戰爭和刼掠的征討中纔能團結起來。　掠奪就變成了他們生存的主旨。　倘若這個將軍覺得對隣邦無隙可乘，他就出兵征他邦，因這些邦土有戰勝的希望幷有戰利品引誘了他。　甚至有許多部分在羅馬的編制之下反戈向日耳曼人的日耳曼同盟軍，就是從這些黨徒中大批地招募出來的。　他們便是「僱傭兵士」(Landsknecht) 專業的胚胎——日耳曼人的恥辱與禍根。　自從羅馬帝國征服四方以後，這些君王的黨徒以及不自由的羅馬朝臣成為日後另一部份的貴族。

　　所以一般地說，組成邦國的日耳曼部落和希臘的英雄時期與羅馬的王政時期所發生的制度相同：有公民大會，有氏族酋長和渴望王權的軍事首領所組織的議會。　這是氏族制度所能產生的最高等的組織；這是半開化高段的模範組織。　倘若社會進化超過這種組織所能滿足的範圍以外，那麼氏族制度就告終止。　氏族制度起了崩壞，國家就代之而起了。

第 八 章
日耳曼國家的崛起

據塔錫塔斯所說，日耳曼民族的人口十分稠密，每個日耳曼民族人口的大概情形，凱撒已有紀述。 他說，跨過來茵河左岸的烏錫丕登 (Usipetans) 和探克得倫 (Tencterans) 兩民族的人口，連婦女兒童，共達一十八萬。 每個民族約有十萬人，較諸伊洛克的最興旺民族，亦超過很多。 後者自五大湖 (The Great Lakes) 以至阿哈阿 (Ohio) 與破多馬克 (Potomac) 間全區共有人口二萬，便算可驚之數了。 倘若我們借助於歷史上的報告以估量較著名的萊茵區域中的民族，我們就可知道每個民族佔地圖上普魯士一州平均面積，即大約一萬平方基羅米突，或一八二德國地理上的平方里 (Germau geographical square miles. 每里等於 七，四二〇・四四 米突，或七・四二〇，四四基羅米突，故每一平方里即等於五五・〇六二九平方基羅米突。) 羅馬人的大日耳曼 (Germania Magna) 區域，直達維斯都拉河 (Vistula)，面積為五〇〇，〇〇〇平方基羅米突。 若以每民族平均十萬人計算， 則大日耳曼人口的總數對達五， 〇〇〇，〇〇〇。 每一平方基羅米突有居民十人，或每一地理上的平方里有五五〇人，若與現在的情形相較，本是很少的數目，但對於半開化的民族，這是非常之大了。 但這並沒有包括那時候日耳曼民族的總數。 我們知道還有戈斯種的日耳曼民族，如巴斯泰尼亞 (Bastarnians)，碧經尼亞 (Peukinians) 和其他，自喀爾巴阡 (Carpathians) 山麓直達多腦河口一帶都是他們的居留地。 他們的人口很衆，所以潑靈尼就指他們為日耳曼民族的第五正派。 早在耶穌紀元前一八〇年，他們即為墨西陀尼亞國王波蘇斯 (Macedonian King

第八章　日耳曼国家的崛起

Perseus) 的僱傭兵，并當奧古斯遑斯王（Augustus）的初年，他們且更擴充至亞得里安堡 (Adrianople)。假定他們人口有一,〇〇〇,〇〇〇多，則我們就可知道當耶穌紀元時日耳曼人口可靠的數目至少有六,〇〇〇,〇〇〇。

等到最後擇定日耳曼爲居留地後，人口必定加速地增多。前章所說他們工業的進步，就足以證明這一點。從斯辣斯維克的沼澤中所發現的物件，以其附帶發現的鑄幣推測起來，是第三世紀遺下的古物。所以在那時候，波羅的海一帶金屬和紡織工業已頗發達，該處與羅馬帝國的貿易已往還不絕，較殷富的階級已享到相當的奢侈——這一切都表現彼時人口已有增加。但同時向羅馬進攻的普遍的戰事亦開始於靠近萊因河，羅馬長城和多腦河的一帶，自北海直过黑海。這又是人口向外壓迫之另一證據。在這三百年長期的鬥爭中，全部戈斯民族的主幹——除了典堪的納維亞戈斯民族和堡根台的民族——都向東南前進，而成爲左翼進攻的長線。多腦河上游的日耳曼高地民族 (High Germans, 或 Herminonians) 居中作戰；萊茵河上的伊斯卡華尼亞民族 (Isgaevonians) ——現稱法蘭克民族 (Franks) ——則自右翼進逼。不列登尼 (Brittany) 一區，就爲英格華尼亞民族 (Ingaevonians) 所陷。（英格華尼亞包括 Friesians, Saxons, Jutes 和 Angles 諸民族，居於北海岸自 Zuider Zee 到丹麥一帶的地方——譯者）到了第五世紀末葉，力竭，血盡，孤立無助的羅馬帝國就爲日耳曼人所侵入。

在前幾章中，我們已說過希臘和羅馬文明的誕生；現在，我們就要說到牠的消沉。羅馬蓋世的威權，好像一塊平面的磨擦器，歷數世紀之久，磨遍了一切地中海岸的國家。除了幾塊地方有希臘語言與之對抗外，一切民族的俗語都被腐敗的拉丁語所殲滅。再沒有民族的區分了，再沒有戈爾 (Gauls)，伊比利亞 (Iberians)，列古利亞 (Ligurians)，諾立加 (Noricans) 等名稱了；他們都變成了羅馬人。羅馬的政權和羅馬的法律到處解散了舊的民族團體，且

9

因此撲滅了地方的和民族的獨立的最後殘跡。 新式的羅馬人對此種損失並無補償，因他們的新格式並不表示有何民族界限，祗有是民族界限的消滅。 但形成新民族的原素到處都有存在。 各省區的拉丁方言日益紛歧。 天然的屏障，昔日劃分意大利，戈爾，西班牙，亞非利加等處為獨立區域者，現在依然存在，且使他們時時感受得到。 可是，沒有一塊地方能有實力聯合這些原素以造成新的民族。 沒有一塊地方存留絲毫發展的能力， 也沒有抵抗力，更沒有創造力。 那一片大地的廣大人民，祗有一條帶子把他們縛在一塊兒：這就是羅馬的國家。 但這個國家後來就變成了人民的死對敵與壓迫者。 省區滅亡了羅馬。 羅馬變成了一個市鎮，與其他市鎮相似，雖還是特權的，但不再是統治的了，不再是統治世界的帝國之中心了，甚至不再是帝皇和公卿的所在地了， 他們已遷住至君士但丁，脫里夫斯（Treves）和米蘭（Milan）了。 羅馬的國家變成了一座專為剝削人民的大而複雜的機器。 稅捐，國賦，和各種各色的什一稅，把人民逼得一天窮一天。 執行者，課稅員和兵士等，賄賂公行，因此壓力日增，以致人民忍無可忍。 這就是羅馬舊世的威權之結果。 羅馬國家之所以存在，端賴維持內部的秩序和抗禦外邊半開化民族的侵入。 但現在秩序的紛亂已極，被國家抗禦以衛庶民的半開化民族則反被人歡迎如救世主了。

社會狀況的惡化， 亦並不減輕。 造羅馬共和國的末年，執政對於被征服的省區之剝削已極其殘酷。 皇帝不但不禁止這種剝削，而且更組織這剝削。 帝國愈形分裂， 則稅率和什一稅的提高愈甚，貪官污吏也更無恥地刼掠與賄賂。 工商業從來不是統治一切的羅馬人長處。 祗有高利盤剝，他們是空前絕後的。 若有商業正在孕育滋長，官吏的勒索就把牠消滅下去了。 祗在帝國東部之希臘一部，仍有一些商業正在萌芽，但這已不屬於我們所研究的範圍以內了。 普遍地陷入貧窮；商業，手工業，藝術，人口的降底；市鎮的衰頹；農業的退化——這就是羅馬世界霸權的最後成績。

但自羅馬共和國分崩以後，爲全舊大陸中最主要的生產部門的農業復臨駕一切，而且較前此更甚了。 意大利的大地產（latifundiae），自羅馬共和國滅亡後，幾乎佔據全國的土地。 牠有兩種不同的使用方法：或用作牧場，以牛羊佔據人民的住所，這祇須幾個奴隸看守着就夠了；或用作田園，使大批的奴隸在此從事於大規模的種植，一部份產品爲主人所浪費，另一部份則銷售於市鎮的商場中。 廣大的牧場曾經保存着，且有幾處還更擴充出去。 但田園及其種植，則因主人的貧困和市鎮的衰落已趨消滅。 以奴隸勞動爲基礎的大地產經濟（Latifundian economy）出息已不很好了，但在那時候祇有這是大規模的農業之可能的形式。 可是，現在小生產再變成獲利的唯一形式了。 每鄉的田園，相繼地分成小塊，并租給世襲的佃戶（Partiarii），他們須交付所規定的地租。 管理土地者的所得比佃戶還要多些，佃戶每年僅得生產品的 $1/6$ 或甚至 $1/9$，以爲他們工作的報酬。 但這些小塊的土地， 主要的還是給僑奴（colonists）耕種，他們每年須交付固定的租額，且得隨土地出賣。奴隸雖已沒有了，但這些僑奴仍是不自由的；他們不能和自由的公民結婚，且他們和本階級的人結婚在法律上亦不能認爲有効，不過祇和奴隸一樣地認爲一種私通罷了。 僑奴即是中世紀農奴的胚胎。

古代的奴隸制度已失却牠的命脈。 不管是在進行大規模農業的鄉區中，或是在市鎮的作坊中，總不能從奴隸制度獲得多少利益——奴隸生產品的市場已找不到了。 并且羅馬帝國興盛時的大生產現在已縮減至小規模的生產和工匠的行業，在這裏很多奴隸立足的地方是沒有的。 社會上祇存留着一些富豪家中服役的和歌舞的奴隸而已。 但是這種行將消滅的奴隸制度，仍足以污辱生產的勞動爲奴隸的勞動，爲有損於自由羅馬人的莊嚴的卑下工作。 而現在的每一個人都是自由羅馬人。 過剩的奴隸已成爲主人的贅疣，其所剩餘的人數就被主人驅逐出去；同時在另一方面，僑奴和乞丐的自由人（和美洲畜奴國家中之貧苦的白種人相似）的數目不斷地增加。

基督教對於古代奴隸制度這樣漸漸地衰落是沒有罪過的；因牠共同擁護羅馬帝國的奴隸制度曾歷數世紀之久。牠從來沒有阻止此後基督教徒去販賣奴隸，牠未曾阻止過北方的日耳曼人，及地中海岸的威尼斯人(Venetians)。牠也沒有阻止晚近的販賣黑奴。奴隸制度之所以消滅，因為靠牠正無利可圖。但牠却留下毒刺，牠玷汚了自由人的生產勞動。這就把羅馬的世界，逼到不可避免的末路。奴隸勞動已是經濟上所不可能，而自由人的勞動又受道德上的譴責。一是不能繼續存在，一是還不能成為社會生產的基本形式。於是沒有別的出路，祇有一個推翻一切的革命。

各省區的情形也沒有好在什麼地方。關于這一方面最完備的報告得自戈爾。該處除有僑奴外，同時仍有自由的農夫存在。他們為防止行政官，法官和高利盤剝者的野蠻的敲詐起見，常常自投於有權勢者的保護之下。不僅個人單獨地這樣做，且整個的團體亦如此，所以第四世紀的皇帝頒詔諭禁止此種行動。但是這種保護對於寄托者有何好處呢？保護者提出條件，叫他們把自己的幾塊小地產列入他的名下，於是他就保證他們一生一世享用幾塊土地——這是第九第十兩世紀的神聖教堂為發揚上帝的光榮曾經囘憶到而且意志自如地模仿着的奸計。但在第五世紀——約當四七五年馬賽的牧師沙爾維亞納斯(Bishop Salvianus of Marseilles) 倘嚴斥這種刼掠行為，并說到羅馬的官吏和大地主的剝削方法殘酷至這樣地步，以致許多『羅馬人』都逃亡到半開化民族的領土中，且感覺到沒有什麼比囘到羅馬的治權之下更為可怕的了。窮苦的父母往往把兒女賣為奴隸的事實，又可由禁止這種舉動的法律得到證據。

半開化民族（按指日耳曼人——譯者）既把羅馬人從他們自己的國家中解放出來，就得到他們全部土地 $2/3$ 的報酬，自己分取享用。這些土地的分配，是按照氏族制度進行的。因征服者的數量較少，所以尚有大片土地沒有分開，而仍歸民族，部落，或氏族公有。每一氏族把耕地和牧場劃成小塊，以分給各家庭單獨的使用。那時候，這些土地是否定期重分，我們並不知道。無論如何，這種舉動馬上就絕跡於羅馬的省區中，個人的小塊土地就變成可以買賣的私有財產，卽所謂『自由產』(freehold 或 allodium)。森林和牧場仍未分開而留爲共同使用。這種使用和耕種的方式都依傳統的習慣和公衆的意志而規定的。氏族存在於鄉村的年代愈久，日耳曼人和羅馬人積年累月的混合愈深，則親屬關係的性質亦愈在地方的界限前失却其立足點。氏族已在鄉村公社中消滅了，但其分子仍表現親屬關係的痕跡。在鄉村公社仍保留着的國家中——如在法蘭西的北部，在英格蘭，日耳曼和斯堪的納維亞半島等處——氏族的制度漸漸沉淪於地方的制度中，且因此具有適應國家的性能。但是這地方的制度逗留着一點爲氏族社會特點的原始德謨克拉西的性質，故又於其晚近被迫消沉的境遇中尙保留着氏族制度的片段。這樣，於被壓迫者的手中遺遺下一種武器；卽在今日，這武器還候着他們來運用。

因征服的結果，氏族中血屬聯繫迅速廢弛，於是促成了部落的和民族的氏族制度之機體的退化。我們知道，對於被征服的人民之統治並不與氏族制度相一致。我們在這裏有機會對此大大地觀察一下。日耳曼民族——羅馬各省區的主人翁——必須要把他們所征服的東西組織起來。但他們不能把羅馬人整個地收容到自己的氏族中，也不能藉氏族的機關來統治他們。在羅馬地方行政團體之上不能不有代替羅馬國家的東西，這代替物祇能是另一國家。所以民族制度的機關不得不變成國家的機關，而且在當時的壓力之下這種變化是很快的。現在征服民族的第一代表是軍事首領。爲保障被征服的土地不致發生內憂與外患起見，他的權力非加強不可。這就是到了從軍事首領轉變到君主的時機了。這種轉變是實現了的。

試拿法蘭克民族的轄地來講。戰勝的沙利民族 (Salians)，不僅佔領了廣大的羅馬領土，且又據有一切尙未爲多少狹小的鄉村公社所領有的寬大地面，特別是一切大森林。 法蘭克國王（king）——實際上現已成爲專制君主（monarch）——第一件所做的事體，卽把這種國有的財產改爲皇族的私產，把這種財產從人民手中竊取過來而賜封或給予他的侍從。 這班侍從，本來爲他個人的戰士和其軍隊的副官所組成，現在却在其中更增加了許多羅馬人。 後者卽是羅馬化了的戈爾民族，他們以文字精通，受過教育，熟悉該國的語言與法律，幷以熟悉拉丁文學之故，馬上便做了國王的無價之寶。 但是，奴隸，農奴和釋放了的奴隸也變成了他的廷臣。 王於這些人中間選拔他的寵臣。 最初，他們受到公地封賜，後來，這些贈予物得於國王在位時期一直享用了。 一種新貴族的基礎，就是這樣建築於損害民衆利益的行爲之上。

但這還不夠。 帝國的彊域之廣大，是不能用舊的民族來管轄的。 酋長會議，若非早已廢棄，也不能召集開會了。 牠不久就爲固定的國王侍從所代替。 舊的公民大會底假面具還依然罩着，但牠也漸漸縮小範圍而成爲軍隊副官和新興貴族底大會了。

現在，有地產的自由農民，卽法蘭克的民衆，恰和從前共和國末期的羅馬農夫一樣，已被不斷的內亂和討伐戰爭所吸盡脂膏，以至貧弱下去了。 昔爲整個軍隊的成份，和自法蘭法的征服後成爲軍隊的核心的人們，到了第九世紀的末葉，已貧困至這般地步，致令五人中鮮有一人能出陣作戰的。 昔日爲國王直接召集的自由農民軍，現在爲新貴族的門下走卒組成的軍隊所代替了。 在這些走卒中，還有一部份是佃奴（villeins），他們是只知國王或在略早時期甚至連國王也不知道的農民之後裔。 國王大查爾（Charlemagne）死後，因累次國內戰爭，皇權的衰落，和貴族的壓迫，法蘭克農民所遭的蹂躪日益加甚。 又因大查爾設置伯爵（Gau counts，按 Gau 比較 Mark（鄉村公社）稍大，凱撒和塔錫塔斯稱之爲 pagus——E. Untermann 註譯），而後者又竭力使他們的官職能世襲，於是貴族的隊伍中又增加了一批。 北方人的侵入，就完成了農民的破產。

第八章　日耳曼國家的崛起

大查爾死後五十年，法蘭西被北方人所蹂躪，無力抵抗，恰和四十年前羅馬帝國被法蘭克民族所蹂躪一樣。

　　不僅對外的柔弱兩方幾無不同，卽社會內部的秩序——寧說社會的無秩序——亦莫不如此。　法蘭克的自由農民覺得自己和他們的前輩——羅馬的僑奴——也處於相似的境遇。　他們爲戰爭與刼掠所蹂躪，不得不求貴族或敎堂的保護，因皇權過於衰弱，不能庇佑他們。　但是他們領得到這種保護，又不得不厚爲報償。　他們好像戈爾的農夫，必須把土地的所有權轉給保護者，而再以佃戶的資格以各種不同的形式領回耕種，但是通常都以服役和什一稅爲條件。　一旦逼到這種依附的形式，他們就漸漸失其個人的自由了。數代以後，他們大部份都變成農奴。　自由的農民怎樣迅速地從其原來的水平線上沉淪下去，則見於聖日耳曼寺院（Saint Germain des Prés）的記載，（那時候這寺院隣近巴黎，現在則歸入巴黎的境內）。當大查爾時，住在這寺院四週的廣大地產上，共有二七八八家，幾乎純是沿用日耳曼名稱的法蘭克人；內有二〇八〇家是僑奴，三五家是依附農（Lites. 這個名稱，在古代的法律中，卽指寄人門下的農夫——E. Untermann 註釋），二二〇家是奴隷，而祇有八家是自由佃農（freeholders）。　保護者之把土地的所有權轉移至自己的掌握中而給原主以終身享用權的行爲，曾被沙拉維納斯（Salvianus）斥爲有虧聖德的，而現在則普遍地行於敎堂對農民的待遇中了。　模仿羅馬「安和加利亞」（angariae, 卽國家的强迫勞動）制度之原型和日耳曼鄉村公社造橋，鋪路，和其他爲公家工作的服役制度的强迫勞動，現在通行日廣了。　所以，從各方面的情形看來，一般民衆到了四百年後又走上了昔日的老門徑。

　　這證明了兩件事：第一，羅馬帝國衰落時，其社會的分化和財產的劃分，完全和彼時農業和工業生產的階段相適應，故這是不可避免的；第二，這生產階段，在四百年中，並無主要的變動，沒有變好，也沒有變壞，故必然要發生同樣的財產劃分和同樣的社會階級。　當羅馬帝國的末期，城市居國中的首要地位已經喪失，而在日耳曼統治下的初期亦並未復興起來。　這必以農業和工業之低度發達階段爲前提。　這種一般的境環必然產生大地主的統治與小農的依附。　羅馬的大地產經濟 (Roman latifundiane conomy) 的奴隸勞動，或新的大規模生產的強迫勞動，怎樣都不能搬到這種社會來應用，可徵信於大查爾底大規模的試驗，他底著名的帝領莊園，鮮有絲毫遺留於後世的。　這種試驗，祇有修道院 (convents) 秉承着進行，也祇給了牠以相當的結果。　但修道院是一種反常的社會組織，而以獨身主義者爲基礎的。　他們固能做例外的工作，但他們卽因此而祇能是例外的。

　　但在這四百年中，尙有一些進步。　我們雖於其末期所看到的主要階級和其初期的階級無異，但是組成這些階級的人則已有變更了。　古昔的奴隸制度已經消滅；把工作看做下賤的討飯的自由人 (beggared freeman) 也不復存在了。　自羅馬的僑奴以至新式的農奴中間還有自由的法蘭克農民。　日趨衰亡的羅馬民族底「無用的記憶和虛飾的抗爭」亦已滅亡而成過去了。　第九世紀的社會階級是形成於一種新文化的誕生時期，而非形成於舊文化消沉時的頹廢時期。　新的種族——主人和奴僕——是一個可與其羅馬的先輩相比擬的人種。　古昔社會崩壞時必然生產的強有力的地主對其服侍的農民之關係，這便是法蘭克人走上新的發展路線之出發點。　尤有進者，這四百年表面上好似沒有產生什麼，但實際上遺下一個龐大的產物：此卽近代的民族界限，卽西歐人類於此後的歷史中之改組與分化。　日耳曼民族確曾灌輸一種新生命於歐洲的人民中。故日耳曼時期邦土的瓦解並不限止於順從北方的沙拉孫人 (Norse-Saracene) 的計劃，且繼續發展皇臣的財產而日益屈服 (commendatio) 於封建制度，且更有那樣極大的人口增加，使歷時不過二世紀之久就能担當紅十字軍的大流血而不致損傷元氣。

日耳曼民族究有什麼魔術以灌輸一種新生命到歐洲人民中呢

難道這是如我們侵略主義的歷史家所說的日耳曼人種底天賦的魔力麼？ 這是毫無根據的。 當然，日耳曼民族是天分很優的亞利安（Aryan）人種的支派，而特別在那時候是正在活潑的發展過程中。但他們所以能使歐洲人返老還童，並不在他們特殊的民族性，而祇在他們的半開化性，即在他們的氏族制度。

他們的個人才能和勇敢，他們的愛好自由，和他們視一切公衆事業如自己事業的德謨克拉西的本能：總之，一切爲羅馬人所喪失的和祇能於羅馬世界的垃圾堆中形成新的邦土而造成新的民族的各種本質——這些不是半開化高段氏族的特徵，不是氏族制度的結果，還是什麼？

倘若他們曾改變了一夫一妻制的古老形式，減輕了家庭中的父權，幷使女子能得到較高的地位而爲古典時期向所未有的——這除非是他們的半開化制度，他們的氏族風化，他們的母權時期活潑如生的遺產，還有什麼能使之如此呢？

倘若他們能把原來的氏族秩序之殘跡——鄉村公社——平安地遷移到至少三個最主要的封建國家的邦土中——日耳曼，北法蘭西和英格蘭——而給最嚴酷的中世紀農奴制度下的被壓迫階級——農民——以地方的團結性和抵抗的工具：古代的奴隸或近代的無產階級隨手可得的工具——這也除非是他們的半開化制度，他們按氏族居住的獨一的半開化格式，還有什麼是值得他們感謝的呢？

末了，倘若他們能發展幷普遍地採用那種輕微的奴僕制度(servitude)的形式，這就是他們行於故里的，且在羅馬帝國中漸漸起來代替奴隸制度(slavery)的形式——這也除非是他們的半開化制度使他們尚未達到完全的奴隸制度，既不是古昔工役奴隸(labor slaves)的形式，也不是東方家庭奴隸(house slaves)的形式，還要歸功於什麼呢？

這種輕微的奴僕制度的形式，正如富里哀(Fourier)所創設的，曾給被壓迫者藉以漸漸解放爲一階級的工具(fournit aux cultivateures des moyens d'affranchissement collectif et progressif)，故較諸祇許個人直接解放而無過渡階段之奴隸制度要好得多了。 古代並不知道可用叛變的手段來廢除奴隸制度，但是中世紀的農奴都漸漸推進了他們本階級的解放。

日耳曼民族種植到羅馬世界中的個個有生氣的和有生產力的種子，都是由於半開化制度。 老實說，祇有半開化制度纔能使一個呻吟於舊文化崩頹的沉痛之下的世界能返老還童。 而且在移民以前日耳曼民族自己所進化到的和實行着的半開化高段，是爲他們準備做這件事業的最好訓練。 這一點就足以說明一切了。

第 九 章

半 開 化 和 文 明

我們旣已從三個具體的例子——希臘，羅馬，和日耳曼三民族——考察過氏族秩序的崩壞，現在可以探討自半開化高段傾覆社會的氏族組織，以至於文明的初期使他完全消滅爲止的一般的經濟情形，以作結論。 馬克斯的資本論對於完成這個任務之需要將與莫爾根的古代社會相等。

氏族孕育於野蠻時代的中段，進而發展於野蠻時代的高段，而其隆盛時期，據我們從一切考證材料所能推斷的，則在半開化的低段。 因此，我們卽從這一階段起開始研究。

於我們基本的例證——那時候美洲的紅種人——中，我們找到完全發展的氏族制度。 每一部落曾分爲幾個氏族，普通兩個。後因人口增多，這些原有的氏族，再分爲幾個女族，使母族成爲族團。 部落的本身亦分裂爲幾個部落，在每個部落中，我們再遇到老氏族的許許多多的代表。 有些地方，又有一個聯盟把親近的部落聯合起來。 這種簡單的組織，已足供給牠所生長的社會環境的需要。 這種組織不過是那些環境的天賦的，自然的表現，他的目的是在得消弭在這種社會組織中所能發生的一切內部糾紛的。 外來的糾紛，則用戰爭去平定。 這種戰爭能滅亡一部落，但決不能令其屈服。 因此主奴之分無從產生，這便是氏族秩序的偉大處，同時也是牠的限制處。 當時還沒有權利與義務的分別。 他是否有權利參加公衆事務，是否有權利實行血屬報仇，或是否有權利索取損傷的賠償的問題，在印第安土人的心目中，如像吃飯，睡覺，和打獵是否爲他的義務的問題一樣的無意義。 部落或氏族不能發生階級的區分。　這就是引導我們到了那些環境的經濟基礎的研究。

　　當時人口爲數極少。　人口祇叢聚在部落的區域中。　這區域的四圍，則繞以獵場，成一龐大的圓周。　一個公共的森林，成爲和他部落劃分的界線。　當時的分工是很原始的。　工作僅按性別而劃分。　男子出外作戰，打獵，捕魚，籌備食物的原料和一切應用的器具。　女子則治理家務，烹調食物，和製造衣冠；　她們職在烹食，紡織和縫衣。　雙方都是自己所活動的範圍內的主人。　男子的範圍在森林，女子的範圍在宅中。　兩性又各所有自己所製造和所應用的器具；男子是武器和漁獵器具的所有者，女子是宅中什物和器皿的所有者。　宅行共產，包括幾個家庭，且往往包括很多的家庭。　（作者原註：特別是<u>美洲西北部的海岸</u>；見<u>彭克洛夫脫</u> (Bancroft)。　在<u>皇后查洛脫羣島</u> (Queen Charlotte islands) 的<u>海達</u> (Haidahs) 民族中，有些住宅多至七百個分子共炊。　在<u>奴脫楷民族</u> (Nootkas) 中，全部落都同居一宅。）無論什麼，凡是共同生產和共同享用的，都認爲公共的財產如住宅，園圃，長船。　祇在這裏或是那裏我們才找到『自得的財產』(self-earned property)，而一般法律家和經濟學家卻妄把這個名詞歸功於文明的社會，近代資本家的財產也憑藉他以證明自己的合法的最後的欺詐的口實。

　　但人類並非處處都停滯在這階段的。　他們於亞洲找到可以擒獲馴養而使之蕃殖的動物。　野生的母牛須先獵取；這馴養了的母牛每年可產一頭小牛，同時供給牛奶。　幾個最先進的部落——<u>亞利安</u>，<u>閃密脫</u>，或再是<u>都倫尼亞</u> (Turanians)——主要的事業，無非是馴養牲畜，後來則從事於蕃殖和管理家畜。　以牧畜爲生的部落和其他半開化民族的分離，就形成第一次社會勞動的大分工。　這些牧畜的部落不僅比其他半開化民族生產了更多的食品，且有各種各色的生產品。　他們所以出人頭第，不僅在於有牛奶，牛奶製造品，和更大量的肉，且還有皮，羊毛，山羊棕，和紡織品，後者因原料不斷地增多成爲日常用品了。　這樣就開始使生產品能作有規則的交換。 當進到這階段前，交換祇能偶然地發生，而製造武器和工具的特別能力也會引起一種臨時的分工。 例如，新石器時代製造石器的作坊之無疑的遺跡已在好些地方找到了。 手藝者在那些作坊中發展自己的能力，必定是和印第安的民族秩序中的手藝者一樣，都爲公衆而作工。 無論如何，除了部落內部的交換外，沒有他種交換能夠於那個階段中存在，卽部落內部的交換也還是例外的。但自牧畜的部落分離出去後，我們看到一切環境都利於各部落的團體間之交換，幷利於把這種貿易的形式作更往前的發展而成爲一個固定的制度。 本來，部落和部落的交換須由他們的酋長經理。但等到牲畜落在私人手裏後，個人單獨的交換日益盛行，終至成爲確定的形式。 牧畜的部落和其隣居者所交換之主要的物件便是家畜。 牛就成爲其他一切商品交換時所藉以權衡的最便利的商品。簡單地說，牛具有貨幣的作用，幷早在那個階段中就有這種性能以供人使用。 一種貨幣商品 (money commodity) 的需要，當商品交換的最初時期，已必然地與迅速地發展起來了。

大概爲亞洲的半開化低段的民族所不知而爲農業的先驅者的園藝，發源於半開化中段。 都倫尼亞高地 (Turanian Highland)，以氣候的關係，若無蒭草積蓄以備悠久而嚴寒的冬日，便不能有游牧的生涯。 所以，草場和穀物的耕種是必不可省的。 黑海北岸的草原亦屬同樣情形。 穀物一旦爲飼養牲畜而蕃殖，馬上成爲人類自己的食品。 所耕種的土地，本來仍屬部落公有，至此開始分給氏族，氏族再分給各住宅，最後分給個人；但領取土地，祇爲應用，而不能佔有。 應用土地的人，可有相當的管業權利，但不能越此範圍以外。

這階段有兩件工業上的發明，是特別重要的。 第一件是紡織機，第二件是金屬礦苗的溶冶和製造金屬物品。 其中最主要的是銅，錫，和兩者的混合物——黄銅。 黄銅可以製造器具和武器，但不能代替石器。 祇有鐵能代石器，但鐵的生產，此時尚毫無所知。　金與銀，已供裝飾之用，且必比銅與黃銅寶貴得多。

　　從事於一切事業——牧畜，耕種，家庭手工業——的人口之增加，使人類的勞動力能生產超過生活所必須的物品。　同時氏族，住宅，或單純的家庭中，每個分子的每天工作分量也增加起來了。勞動力的增加，是人人所願意的。　這就要仰給於戰爭；自敵方所獲的俘擄，就貶為奴隸。　在這樣的歷史條件之下，由增加勞動生產力，增加財富，和擴大生產活動的範圍而引起的第一次社會勞動的大分工，必然產生奴隸制度。　由第一次社會勞動的大分工，產生了第一次兩個社會階級的大分化：主人和奴僕，即剝削者和被剝削者。

　　家畜從部落或氏族公有變為家長的私產，究竟怎樣轉移過去并發生於何時，我們不得而知。　但這必定是在這階段中完成的。家畜和其他新的財產使家庭中起了革命。　獲得養生物品每每是男子的事務。　其生產的器具為他所製造，并為他所有。　家畜是新的生產器具，而牠們的馴養與看管也是他的工作。　所以，牛是他所有的，且以牛換得的商品和奴隸亦是他的。　現在一切由生產而得的剩餘物品，都落到男子的掌握中了。　這些產物，女子固得享用，但她不能取得所有權。　『野蠻』的戰士和獵人，曾以居宅中的第二把交椅為滿足，而讓女子高居首位。　『較文雅』的牧畜者，憑藉他的財富，佔居首位，而把女子貶到第二位。　而女子則已無冤可訴了。　家庭中的分工，已規定了男女間財產的分配。　這種分工，固並未變更。　但從前的家庭關係，現在倒轉過來了，這祇因為家庭以外的分工已有了改變。　昔日保證女子在家中的霸權之原因，即把女子的活動範圍限於治家，現在反而保障了男子在家中的霸權。　女子的治家勞動，和男子的謀生工作比較，已不足輕重了。　後者是一切，而前者的分量則極其微小了。　即在這樣早的時期中，我們已能看出女子的解放和男女平等已不可能，且在女子被摒於社會的生產事業之外而限於治家勞動的時期，這種情形不會

第九章　半开化和文明

變更的。　祇有等到女子能大大地參加社會生產而治家的義務祇須她們小小地留心就夠了時，女子的解放纔能實現。　這種情形，已爲近世的大工業所造成了，這不僅允許女子自由地參加生產事業，且實際上招請着她們，此外還有把治家的工作變成爲公衆產業的企圖。

男子握得它中的實際霸權，卽表現他底到這無限霸權之最後障礙物業已消除了。　他底無限統治權，便以母權的崩壞，父權的繼起，和自對偶家庭到一夫一妻家庭的漸漸轉變，益形鞏固，且得以持久。　這便把舊的氏族秩序鑿穿了一個漏洞。　一夫一妻的家庭已成不可侮之勢，且給了氏族以嚴重的打擊。

再上前一步就是半開化的高段，這是一切文明民族經過英雄時期的階段。　這是用鐵劍和鐵犂頭鐵斧的時期。　鐵已成爲人類的使用品了。　鐵是在歷史上發生革命作用的一切原產物 (raw products) 中之最後而最重要的一個；所謂最後，卽以除却山芋而言。

鐵使農業能作更大規模的進行，并掃除廣大的森林以便耕種。牠給手工業者以一種這樣堅硬而銳利的工具，沒有什麼石頭，什麼其他金屬能抵當得住。　但這是漸漸而來的。　最初所用的鐵，比黃銅還要柔軟些。　所以石器廢弛的過程是很緩慢的。　石斧仍用爲戰鬥的武器，不僅見於希爾特勃蘭歌 (Hildebrand Song) 中，且更在一○六六年見於哈斯丁 (Hastings；卽指哈斯丁戰爭 Battle of Hastings，發生於一○六六年——譯者)。　但進步現在已不可遏止，已是阻礙減少而速度加緊了。　內有石和磚瓦所築的房屋并圍以雉堞的石牆的市鎭已爲部落或部落聯盟的中心了。　這種市鎭表現建築術上已有可驚的進步，但同時表現危險的事變更多而須加意防衛。　財富的增加很快，但這是私人的財富。　紡織，金屬工業，和其他分化日甚的工業，使生產品種類增多，并表現生產技能的進步。　農業不僅供給穀類，豌豆，普通豆類，和菓子，且更供給油和酒，這些東西的製造，現在都被學會了。　這樣多方的動作，不能肩在一人的身上。於是第二次社會的大分工從此發生：此即手工業和農業的分離。生產強度的增加和生產力的增進，提高了人類勞動力的價值。奴隸制度在前一階段上本為發生着的，散漫的因素，現在變成了社會制度的主要部份了。奴隸不復為簡單的助手了。他們現在已被趕到田野和作坊中去工作了。生產事業既分為二個部門——農業和手工業——以交換為目的之生產便因之而起，這就是商品的生產。同時貿易漸盛，不僅通行於部落的內部和部落的邊界上，且更擴充為航海通商的形式。但是這一切還屬於原始的狀態。寶貴的金屬成為通用的貨幣商品 (universal money commodity)，但仍未鑄造硬幣，而祇以其重量交換。

除自由公民和奴隸的分別外，還有貧富的區分。這樣貧富的分歧和新的社會分工，形成新的社會階級之分化。舊的公有宅產或仍有保存到現在的，但幾個家長的私產多寡不一，把這些公有宅產一個一個地破壞了。這樣就使向為大眾利益的土地的集體耕種完全消滅。一切所耕種的土地部分給各家庭單獨使用，最初是定期分配的，後來一次分了就永久不變。完全的私產制度是逐步地過渡過來的，且和從對偶家庭到一夫一妻制過渡同時並進。一夫一妻的家庭，就開始成為社會的經濟單位了。

人口既已增加，不能不有更緊密的團結以防內憂與外患。近親的部落之聯盟，實勢所難免。接着就是這些部落的結合，和因此而起的兼併各個部落的領土而成一民族底領土的結合。軍事首領——蘭克司，巴錫留，修騰 (Thiudans) ——變成不可缺的和經常的官員了。凡沒有公民大會的地方，也把公民大會成立起來。軍事首領，酋長會議，和公民大會，成為由氏族制度中發育出來的軍事德謨克拉西的機關。所謂軍事德謨克拉西，即因現在戰爭和軍事的組織已是社會生活中的日常事務了。鄰人的財富激動了各民族的貪心，這些民族開始以獲得財富為其生活的要旨之一了。他們本是半開化的人民，他們的心目中，搶劫他人物品總比自己生產更容易些且更光榮些。　戰爭，在昔日祇是對犯罪者的報仇行為，或一種擴充太狹隘了的領土的手段；現在的戰爭，為的祇是搶劫，且成為日常的職業了。　這不是徒然的，在新近鞏固的都市之周圍有威嚴的城牆圍繞着。　他們的濠溝，是氏族制度的墳墓。　他們的樓塔，已直聳而觸到文明了。　內部的事情亦經相似的變遷。以搶劫為事的戰爭，增長了軍事首領和其部下軍官的威權。　通常於前任的家庭中選舉新首領的慣例，漸漸變成世襲——初得默認，次出要挾，終至篡奪。　這就埋下了皇族和貴族世襲的基礎。　在這種情況之中，氏族制度的機關就漸漸從其民族，部落，族團，和氏族的根源中拔出去了，而整個的氏族秩序就轉變到了牠的反題(antithesis)。　本為治理便利起見而起的部落組織，轉而為劫掠和壓迫隣人的組織了。　氏族制度的機關，從衆志的公僕一變而為壓迫自己民衆之獨立的統治機關。　倘若貪得財富的行為不把族人釀成貧富的分化；倘若氏族中財產的參差不把利益的共享轉變為族人的爭奪」（馬克斯）；倘若奴隸制度的推廣不玷辱謀生的工作為奴才的且較搶劫更為卑下正醜事為出發點；則這種現象就不會發生了。

　　現在，我們已跨到文明的門檻了。　這階段以勞動分工之另一新的進步為發端。　當半開化的低段時，一切生產祇以消費為目的的；如果偶然得到剩餘物品，則其交換的行為亦祇是偶然的。　到了半開化的中段，牛類的養畜使有很多家畜的游牧民族得到經常的剩餘。　同時，游牧的民族和落後的沒有家畜的民族間起了分工。兩個不同的生產階段的同時並存，就造成一種必須彼此經常交換的條件。　半開化的高段引起了農業和手工業間之新的分工，結果使專以交換為目的的商品之生產不斷地增加，以致個人間的交換成為社會的重要職能。　文明使一切已成立的分工制度鞏固，更精密，特別使城市和鄉村的對峙更加明顯。　或者如在古昔時期，市鎮得於經濟上控制鄉村；或者如在中世紀時期，彼此適得其反。　於是第三種的分工又產生於文明時代：文明創造了一個不參與生產而僅以交換商品為事的階級——商人。　前此一切階級的形成，沒有不屬於生產方面的。　他們曾把生產者分為指揮者和被指揮者，或分為大規模的或小規模的生產者。　但在這裏，第一次發現了一個階級，牠獲得一般的生產的控制，把生產者壓在自己的統治之下，而自己則一點都沒有參與生產事業。　這是一個使自己成為兩個生產者的中間人，且藉以免除他們交換上的困難和危險，以擴充他們生產品的市場於四方，以這樣成為社會中最有用的階級的假面具而肆行雙方剝削的階級。　這是一個掠取海內外生產的脂膏以作其極微小的職務報酬的寄生物——真正的社會寄生蟲——底階級。　他們很快地併吞大量的財富，且得到相當的社會勢力，因此在文明時代獲得空前的新榮譽和空前的更大的控制生產，直到他們最後發現了自己的產物——循環的工業恐慌。

　　在這裏所討論的生產階段中，我們的少年商人階級尚未見到等待着他們的前途。　但他們總是繼續進行組織，使自己變為無價之寶，而當時這樣做對於他們也就夠了。　同時，金屬的鑄幣業已採用，且藉此得到一個控制生產者及其生產品的新工具。　一個包藏其他一切商品於自己神祕的胸懷中的商品底商品（即指貨幣——譯者）已經發見了，這是一種能隨意變成任何貪慾的物品的魔力。誰掌有這種東西的，就有生產的世界任他指揮。　但誰最能佔有這件東西呢？　商人。　在他的手中，貨幣的崇拜便有保障。　他醉心於使人家明白一切商品。　因此一切生產者都必須俯伏拜禱於貨幣之前。　他從事實上證明其他一切財富的形式，在這種財富的人性化面前，都要變為微小的假像。　貨幣的威權從沒有表現得這樣殘酷與兇橫如像在他的少年時代那樣的。　自商品為交換貨幣而出賣後，就有貨幣的借貸相隨而來，結果產生了利息和高利盤剝。如古昔希臘和羅馬的法律這樣惡毒無情地逼得負債者俯伏於債主底足下那種情形，為此後任何時期的立法所未有的。 但他們倆都是由經濟的壓力而產生的習慣的自然產物。

商品和奴隸等類的財富，現在因得廣大的地產而更增加。 昔日由氏族或部落分配給他們個人管理的土地，已如此固定，以致這些土地現在得以永遠佔有，且得遺給子孫了。 後來，私人最所希望的就是族人不會再有權力要求管理他們的土地，這種要求已實際上成為他們的枷鎖。 他們解脫了這個枷鎖——但他們不久又失掉了自己的土地。 完全的，自由的土地所有權，其涵義不僅在能無限的任意佔有，且在能出賣土地。 在土地仍為氏族所有的時候，這是不可能的。 但當新的土地所有者解脫氏族和部落的最高管理權的鎖鍊時，他也拉斷了把他不可分離地縛在土地上這麼長久的繩索。 與土地私有制度同時發明的貨幣，便把這裏所含的意義印入他的腦中。 土地現能變成一種自由買賣的商品了。 土地私有制一發生，抵押制度也即出現（請看雅典）。 好比公妻與賣淫緊接着一夫一妻制的脚跟，此後抵押也同樣伴隨土地私有制而來了。你曾為自由的，完全的，可變賣的土地而狂呼的。 好了，你已經拿到手了——喬治但亭呀，這是你自己的志願罷！ (tu l'as voulu, Georges Dandin)

工業的發展，貨幣，高利盤剝，土地私有，和抵押，就這樣同着一個小小階級手中之財富的集中與集合而日有進步，同時加甚了民衆的貧困和加多了貧民的數量。 這新的財富的貴族，是不能與舊的部落貴族混為一談的。 前者且逼得後者永遠落在人後了（如在雅典，在羅馬，及在日耳曼民族中）。 這種按財富而定的自由公民底階級區分更大大的增加了奴隸的數量——尤其是在希臘。後者的強迫勞動，成為整個社會的上層建築所藉以豎立的基礎。（作者原註：雅典的奴隸數目為三十六萬五千。 在 Corinth, 奴隸最盛時達四十六萬；在 Aegina, 達四十七萬；兩處奴隸的數目都十倍於自由公民。）

現在試看經過這樣的社會革命後氏族制度變成了怎樣呢。氏族制度，站在這些不受牠的助力而發育的新原素面前，已是束手無策了。牠是依靠如下的條件而存在的：氏族或部落的人員應聚居在同一的區域之內，且絕對沒有外人的混入。這個條件早已不復存在了。氏族和部落到處都已令人失望地混雜起來了；奴隸，依附農，和異族人都雜居在公民中。自半開化中段的末期纔得到的永久居留的能力時常又因商業，各種職業，和土地的轉手的關係而發生遷居的必要了。氏族組織中的人員，已不能再相鼓首以謀公共的利益了。祇有無關重要的事情，如宗教的節期等，仍能照舊舉行。除了氏族的機關所適於保護的欲求和利益之外，又有新的欲求和利益從生存條件的革命及因此而起的社會階級之分化而產生了。這些新的欲求和利益，不僅與舊的氏族秩序背道而馳，且到處予以打擊。因分工而產生的手工業者底利益，和市鎮與鄉村的不同特殊需要一種新的機關。但是這些團體中，個個都是各氏族，各族團，和各部落的人民混合而成的；甚至於包含異族的人。因此，新的機關必不得不形成於氏族制度的範圍以外。牠須和氏族制度並存，而同時又與之對抗。且又在每個氏族的組織中，把富者和貧者，高利盤剝者，和負債者，合併在同一的氏族和部落之中，兩方面利益的衝突，必然發現，而且會達到最高點。且更有大批的居民都是異族人。這些異族人，如在羅馬，能造成很大的權力，且他們的人數太多，不能漸漸吸收到氏族和部落中來。同族的人，與這些廣大的羣衆對立，好像一個特權者的堅固的團體。昔日本爲自然的德謨克拉西，現已變成可憎的貴族制度了。氏族制度是發生於一種尙無內部矛盾的社會中，且祇適應於這種社會。牠祇有公衆的意見，並無強制的權力。但是，現在已發展到另一種社會了，這種社會以一切生存的經濟條件把人類分成自由者和奴隸，以及剝削他人的富者和被人剝削的貧者。這種社會，不僅不能調和這些矛盾，且驅逐他們到極端。這一種社會祇有在一切階

第九章 半開化和文明

級彼此不斷的公開鬥爭，或是在表面上是站在鬥爭的階級之上，阻止他們的公開衝突，祇許他們在經濟上作階級鬥爭，即在所謂『合法的』形式中作鬥爭的第三種權力的支配之下，才能存在。　氏族制度已滅亡了。　牠是亡於社會的分工及因此而起的社會階級之分化。　牠爲國家所代替了。

　　在前幾章中，我們曾以三個具體的例子說明國家建立於氏族制度的舊址上的三個主要形式。　雅典代表最簡單的古典形式：其國家主要地是直接滋長於氏族社會的階級分化中。　羅馬氏族組織，則變成了無數外來的祇有義務而無權利的平民 (plebs) 中絕對的貴族制度。　平民的勝利，毀滅了舊的氏族秩序，並在其遺址上建立國家，這國家不久把氏族制和平民都吞沒下去了。　最後，在征服羅馬帝國的日耳曼民族中，國家的發生，是征服廣大的外人土地以致氏族的組織無力統治的直接結果。　但是這樣的征服，並不須要與原有的居民作激烈的鬥爭或作更進一步的分工。　征服者和被征服者，幾乎同在一個經濟發展的階段中，故社會的經濟基礎仍無變動。　因此，氏族制度能以鄉村公社的形式保存一種不變的地方性至數世紀之久，且甚至後來於貴族和高貴的家庭 (patrisian families) 中或農民中，例如在迪司馬西亞 (Dithmarsia) 他有返老還童之勢。（作者原註：第一個至少對於氏族的性質很有識見的歷史家，總算是尼布爾 (Niebuhr)。　這是由於他的熟悉迪司馬西亞的家庭而來的。　但他的錯誤亦即發源於此。）

　　故國家決不是一種從外面壓到社會上的權力；也不像黑格爾 (Hegel) 所主張的，是『倫理觀念的實現』，『理智的意像及其實現』。　這祇是社會進化到某一階段時的產物。　這是這社會已絕望地自己內部分裂，已遭到不可調和的幷無力避免的矛盾的告白。欲使這些矛盾，這些經濟利益互相衝突的階級，不致白遭覆歿，并使社會不發生無益的鬥爭，必須有一種權力，這種權力表面上站在社會之上且負有制止衝突和維持『秩序』的任務。 這權力，本是社會的產兒，但施其霸權於社會之上，且和社會日趨分離，這個權力便是國家。

國家和氏族制度所不同的，卽在牠首先把國中各分子按地方而劃分。 我們已知道，團結氏族團體的舊的血統關係的聯絡，現已不生效力，因這種聯絡是以一切同族的人都應住在某一區域為條件的，而這條件在事實上已不復存在了。 區域依然如舊，但人類已經變遷。 所以按照區域的劃分，就成為國家的發端；公民不管擇居何地，無氏族和部落的差別，都要執行他們的權利與義務。 這種按區域的居民組織，是一切國家的共同現象。 我們現在看起來，這似乎是很自然的。 但我們曾於雅典和羅馬看到，在國家能代替舊的血統關係的組織前，需要如何長期的和劇烈的鬥爭呵。

第二，國家創立一種不與舊的自己組織的和自己武裝的人民相一致的強制的公共的權力。 這種特殊的強制的權力是必要的，因社會旣分成階級，人民自己組織的軍隊已經變成不可能了。 因奴隸也是屬於社會的。 雅典僅有九萬公民形成一個特權階級，而奴隸則達到三十六萬五千人。 雅典德謨克拉西的國民軍，是一種用以鎭壓奴隸的貴族的公共的權力。 但我們已看到，一種警察的力量也成為維持公民秩序所必須的。 這種強制的公共的權力，在每個國家中都是存在的。 不僅徒有幾個武裝的人，且有監獄和其附屬的悔過所一類的東西。 這是為氏族社會所無的。 在階級的仇視不甚發展的社會中，和在偏僻的地方，如在昔日美國的某幾個區域中，這種權力是很小的，幾乎小到不可形容。 但牠隨着階級仇視的日益明顯和隣國日益擴大與人口日益衆多作同樣比例的增長。最明顯的例子，可算是近代的歐洲了。 該處的階級鬥爭和東征西伐的戰爭，助長這公共的權力到這般地步，以至有把整個社會和國家一齊吞下去的危險。

欲維持這種公共的權力，則取自公民的貢物和賦稅，就刻不容緩。　這是氏族社會所絕對沒有的。　但到了今天，我們已目覩其登峯造極了。　文明更往前進步，這些賦稅就不能足夠公家消耗。於是國家支用未來的收入，訂借貸款，發行公債。　老大的歐洲，必能把這些事的歷史述給你們聽。

官僚們旣握得公共的權力和徵稅權，現在就以執行國家機關者的資格一越而登社會之上了。　如在氏族制度機關中之自由的和自願的尊敬，縱令加諸他們身上，已不能使他們心滿意足了。　他們是和社會分離的權力之代表者，他們要使他們自己變成特別神聖，特別不可侵犯，就必須假手於特殊的法律。　文明國家中最下等的僱傭警察，其『威權』比一切氏族機關的總和還要大些。　但是，文明社會最有權力的王公和最偉大的政治家或將軍，也許看到那樣自然而然莫敢抗爭的尊崇之能成爲最小的氏族酋長底特權，難免要妒忌吧。　一個是站在社會的範圍以內的，一個是逼到在社會之外且在社會之上佔取位置的。

國家是由制止階級衝突的欲望所產生的。但牠旣從這些衝突中發生出來，就逃不了是經濟上最有勢力的階級底國家，這階級以其經濟上稱霸的勢力同時又變成政治上統治的階級，且因此得到了克服和剝削被壓迫羣衆之新的工具。　所以，古昔的國家是奴隸的主人用以束縛奴隸的國家。　封建的國家是貴族用以壓迫農奴和依附農的機關。　近代代議的國家是資本家剝削工資勞動者的工具。在某一時期中亦有例外：相鬥爭的階級彼此勢均力敵，使公共的權力以站在各階級間作一中間人的資格達到某種程度的獨立性。　十七世紀和十八世紀的君主專制就處於這種地位，在貴族和城市的自治公民 (burgher) 的對抗之間獲得均勢。　第一帝國時期的拿破崙主義對於無產階級反對資產階級和資產階級反對無產階級所玩的把戲便是這樣，而在第二帝國時期則尤甚。　這類事情的同樣表現，（其中統治者與被統治者同樣荒稽可笑），總算是卑斯麥克一手造成的德意志帝國了。　那裏資本家和工人彼此都被造成勢均力敵的懷子，而同時同樣地被人欺騙，而爲墮落的普魯士的偷生荀安的地主們(junkers)造福。

在歷史上多數的國家中，公民的權利都按照財產而起差別。這就是表明國家爲保護有產階級而反對無產階級而組織的直接的證據。雅典和羅馬之按收入而分等級，也就是表現這一點。這種情形又見於中世紀的封建國家，那裏政治的勢力，全靠不動產的多寡。這又見於近代代議制的國家所規定的選舉資格。但在政治上明白承認財產的差別，並不是主要的。這反是國家發展初期的表徵。最高的國家形式——民主共和——並無正式的財產區別。這是在近代的社會情形之下日甚一日地不可避免的，必須的國家形式。無產階級和資產階級祇能在這種國家形式之下作最後決鬥。在這種狀態中，財富祇間接地行使牠的威權，但更其穩當起來了。這一部份是由於官僚的直接腐化，如像在美國的那種古典的模型；或由於政府與銀行家的聯合，這種聯合當公債增加和公司不僅把運輸工具且把生產事業的本身都集中到自己的手中而以股份交易所爲中心時，更其容易造成了。美國和最近的法蘭西共和國都是明顯的例子，且好一個老大的瑞士，也會來說明這一點。民主共和的政體，不一定是股份交易所和政府間建立親愛關係所必須的，這已有英國和最後起的德國出來作證（在德國是俾斯麥克或是勃來希羅特爾(Bleichroeder)能因採用普選制更其得人歡心，尚屬懷疑）。現在一般的有產階級直接假普選制以行統治了。因爲，被壓迫階級——無產階級——在沒有成熟以幹經濟解放時，該階級的多數分子總是把現存的社會秩序看作獨一無二的，且成爲資產階級的尾巴，成爲他們的極左派。但若無產階級愈成熟而趨於自求解放的道路，則他愈能把自己組成獨立的階級，且選出自己的代表者以代替資本家的位置。普選是工人階級成熟程度的測量器。牠祇能是而且永遠是現代國家的產物。但祇要這樣就夠了。到了那一天，當普選的寒暑表在工人羣衆中達至沸點時，工人和資本家一樣，將會要知道幹些什麼。

這樣看來，國家並非永遠存在的。 昔日曾有無國家的社會，這些社會並無任何國家或公共的權力的觀念。 到了經濟發展的某一階段時，同時必有社會階級的分化，國家就為這分化中不可避免的產物。 我們現在很迅速地逼近到一個生產進化的階段，在這階段中，階級的存在非但不必要，並且變成生產事業的桎梏了。 因此，這些階級必定消滅，好比牠們昔日的必然發生一樣。 國家也必然地因他們的消滅而消滅。 以生產者的自由平等的聯合為基礎而改組織生產事業的社會，將要把國家這個機器搬到牠將來所屬的地方：搬入古物陳列所，和紡車與黃銅斧並排陳列。

我們已看到文明時代是一個社會階段，在這階段中，勞動的分工，因此而起之個人間的交換，和聯絡個人關係的商品生產，都達到其發展的最高程度，且使整個社會都起了革命。

前此一切社會階段中的生產是集體的，消費則是直接分配生產品於所有的小公社中。 集體的生產是限於狹隘的範圍以內的。但生產事業和生產品總是受生產者的控制。 他們都知道自己的生產品變成什麼：直至他們消費牠時，牠總一刻不離他們的手。 當生產事業還在這基礎上活動之時，牠總不能越出其生產者的控制範圍，牠也不能創造任何神怪的奇異勢力以壓迫他們。 但在文明時代中，這是不可避免的法則了。

勞動的分工漸漸插入簡單的生產過程中。 牠破壞了生產和消費的共產主義，牠把個人生產品的佔有變成通行的法則，且因此採用個人間的交換，如上面所述。 商品的生產就漸漸成為天經地義了。

這種祇為交換而非為自己消費的生產格式，必須使生產品從一個人手裏轉移到另一個人的手裏。 生產者交出他的生產品以作交換。 他不再知道自己的生產品將變成什麼。 自有貨幣的誕生和商人站到生產者間作為中間人後，交換的過程愈形複雜了。 生產品的命運愈不可測。 商人很多，一人不知他人幹些什麼。 現在生產品不僅從一手轉到另一手，且從一市場轉至另一市場。 生產者在其生活的範圍中，失了整個生產事業的控制，而商人還沒有獲得這種控制力。 生產品和生產事業變成機會的犧牲品。 但『機會』(chance) 祗是相互關係中之一端，而其他一端則叫做『必須』(necessity)。 在自然界中，也好像一切都被『機會』所統治，但我們老早就指出規定各方面機會趨向的必須與定律。 但是，凡適合於自然界的也適合於社會。 當一個社會的任務或一串社會過程，氣勢過盛，使人類控制不住時；當牠們發展到越出人的掌握，并似乎好讓牠們得到什麼機會就去做什麼時；於是，這種過程的特殊的與內在的定律，愈是以增長着的『必須』的原素來規定機會所趨的軌道。 這種定律也控制着商品之生產和交換的更迭。 對於單獨的生產者和交換者，這些定律是奇怪的并往往是不可知的力量，牠的性質必須加以苦心的考察與確定的。 這些生產的經濟定律，常依這生產形式的各個階段略加修改。 但一般地說來，整個的文明時代，是受這些定律所控制的。 到如今，生產品控制着生產者。到如今，社會整個的生產事業之管理，沒有統一的計劃，祗有盲目的定律，這些定律藉其本來的力量以行統治，且於循環的商業恐慌之怒潮中找到其最後的表現。

我們已看到，人類的勞動力，在很早的生產階段中，卽能生產很多物品，大大趨過維持生產者的需要。 我們已看到這階段普通是勞動的分工和個人間交換的開始時期。 現在，便馬上發現絕大的眞理：人的本身也能充當商品。 把常人變爲奴隸後，人類的勞動力亦可任人交換，任人剝削。 當人與人的交換一發生，人也被交換了。 不管一個人願與不願，正的債權已變成負的債務了！ (The active became a passive liability) 至文明時代發展到頂點的奴隸制度，首先就造成社會中一個被剝削的和一個剝削的階級之大分化。 這種分化，在整個的文明時代中，不斷地繼續着。 奴隸制度是第一個剝削形式,是上古世界中的特徵。 此後,中古有封建制度,近代則有工資勞動相繼而起。 這些是文明時代的三大時期之特徵的三大奴僕制的形式。 牠們不變的標記,是公然的,或是如近代一樣的粉飾的奴隸制度。

進入文明時的商品生產的階段,其經濟上的徵特爲發生:(一)金屬鑄幣,并因此有貨幣資本,利息與高利盤剝;(二)商人,爲生產者的中間人;(三)私有財產和抵押;(四)奴隸勞動,爲生產一般形式。 家庭的形式,與文明時代相當而成爲通行的風俗的,是一夫一妻制,是男子對女子的霸權,是爲社會經濟單位的一夫一妻的家庭。 文明社會的總體是國家,這是古今以來統治階級的國家,到處是控制被壓迫和被剝削階級的機器。 文明時代的特徵再有:一方面是永久使城市與鄉村對立,成爲整個社會分工的基礎;另一方面是採用遺囑,使掌有財產者死後也能處理自己的產業。這種制度予氏族制度以直接的打擊,并在雅典於少龍時代前沒有人知道的。 在羅馬,牠的採用是很早的,但不知究在何時。 在日耳曼,牠本爲教士所首創,原欲使忠實的日耳曼人可把財產遺給教堂,不致有人來過問。

文明的社會,既有這種基本的制度,就可以完成氏族社會所不能比擬的事業。 但這些剝削的成功,端賴人類最卑劣情慾與本能的活動,且祇發展了這方面而犧牲了其他一切的才能。 無恥的貪婪是文明自始至今的動機。 財富,再財富,三財富;不是爲了社會的財富,而是爲了渺小的個人的才富,這是文明唯一的最終的目的。 但若科學的上進和高出雲霄的技術之花還都落到文明的膝上,這祇是因爲近代財富的最高獲得沒有牠們是不可能的罷了。 一階級被另一階級剝削,是文明的基礎,牠的發展完全帶着不斷的矛盾。每次生產的進步,同時是被壓迫階級的生活狀況的退步即大多數人民的退步。 凡是有利於一階級的,必是有害於他階級;凡是一階級的新解放,必是他階級的新壓迫。 這句話最有力的證明,得自機器的採用；採用機器的影響所及，現在我們都知道了。 我們已看到在半開化民族中，權利與義務很難劃分，但文明社會把這兩者的分別，已弄得清清楚楚，甚至不留一點疑竇於最愚笨者的頭腦中了。 因現在一個階級幾乎享有一切權利，而他階級幾乎擔負一切義務。

但這是不為人們所承認的。 凡是有利於統治階級的，說是對全社會有利益的，這裏統治階級就以自己代表全社會。 文明愈進步，則其所創造的罪惡愈見被累白的一口鐘所罩住，愈見對於這些罪惡力加曲辯或簡直否認其存在，一言以蔽之，卽愈是慣作假仁假義。 這種假仁假義於以下的宣言中可以說登峯造極了。 這宣言說：剝削階級所以對被壓迫階級剝削，無非是為了被剝削階級本身謀利益。 倘若後者不肯承認，且甚至起來造反，這簡直是對恩主——剝削者——的最大逆不道的行為了。 （作者原註：我本欲搜集富里哀 Fourier 分散於各種著作中之對於文明的精采的批評，以與莫爾根和我自己的評語相對照。 不幸我不能抽出時間做這一件事。 我祇願在這裏說一說：富里哀已認為一夫一妻制和地產私有是文明社會的主要特徵，他并稱這二者為富者和貧者的戰爭。 我們并找到他的深刻見解：個體的家庭 les familles incoherentes 是一切因利害衝突而起分裂的萬惡社會的經濟基礎。）

現在讓我再加幾句莫爾根對於文明社會的品評，以作結論（見 Ancient Society, p. 552）：

「自從文明誕生以來，財產的滋長已這麼龐大了，牠的形式已這麼千變萬化，牠的用途這麼推廣不已，而牠的管理又這麼有利於其主人，以致牠已變成了一種為民眾所駕馭不住的勢力了。 人類的心情站在自己所創造的東西面前，迷離不知所事，但是，新時期將要來到，在那時，人類的才智將臨駕財產之上，確定國家和其所保護之財產的關係，以及財產的主人底義務與其權利的界限。 社會的利益超過個人的利益，且兩方必須得到適當的和諧合的關係。

倘若進步是適用於將來的定律，和過去一樣，那單單是財產的追求並不是人類底最後的目的。 自文明降生以來的已往時間，不過是人類生存的過去時間中的一小片斷，不過是未來年代的一小片斷。這社會的崩壞將終止以財產為結局為目的之追求，因為這一種追求的本身就含有自遭覆滅的原素。 政府中的德謨克拉西，社會中的相親相愛，權利和特權的平等與普及的教育，將預告經驗，理智，和知識所向往的將來的高級的社會階段的到來。 這新社會將以高層的形式復活古昔氏族中的自由，平等和博愛」。

（完）

目　錄

第一版原序（一八八四年）……………………　三
第四版序言（一八九一年）……………………　五
第一章　有史以前的階段………………………　一七
第二章　家庭……………………………………　二三
第三章　伊洛克氏族……………………………　七二
第四章　希臘的氏族……………………………　八六
第五章　亞的加國家的起源……………………　九五
第六章　羅馬的氏族和國家……………………　一〇五
第七章　色勒特和日耳曼的氏族………………　一一五
第八章　日耳曼國家的崛起……………………　一二八
第九章　半開化和文明…………………………　一三九